ちくま学芸文庫

増補 十字軍の思想

山内 進

筑摩書房

目次

プロローグ――よみがえる十字軍？　9
聖地エルサレム／十字軍の再来／ブッシュ大統領の戦争／正戦と聖戦

第一章　主の剣　19
ジハードと聖戦／西洋の聖戦／ミルウィウス橋の戦い／新しいコンスタンティヌス帝／トゥール・ポワティエの戦い／ローマ教会とカロリング朝／カール大帝とイスラム／パレスチナとイスパニア／異教の大王／「この剣を受け取れ」／レヒフェルトの戦い／オットー大帝の特権状／武器を帯びたローマ教皇／主の剣

第二章　「神がそれを望み給う」　61
クレルモン／祈る人・戦う人・耕す人／封建革命／神の平和と教会改革／教皇革命／革命の輸出／サラセン人／共存の地エルサレム／「聖地」の浄化／恐怖と贖罪／十字軍を織り成すもの――四つの特質／エルサレムでの虐殺

第三章 十字軍、北へ――新しいマカバイ 97
十字軍はいつ存在したか／フリードリヒ二世への十字軍／モンゴル十字軍／伝統主義と複数主義／回復から征服へ／「北の十字軍」――聖ベルナール／ヴェンデ十字軍／北の異民族／リヴォニア・エストニア十字軍／プロイセン十字軍／プロパガンダ／マカバイ／新しいマカバイ／ドイツ騎士修道会国家の終焉

第四章 神の鞭・悪魔の僕・ピューリタニズム 133
コソボの戦いとニコポリスの戦い／ヴァルナの戦い／主よ、トルコ人はローマに攻め入るであろうか？／懐疑と反対――エラスムス／贖宥状と十字軍／反キリスト／神の鞭――トルコ人／ルターにおける十字軍の否定／最後の十字軍？／プロテスタンティズムへ／聖者の軍隊／「主の剣」の復活

第五章 〝新しいイスラエル〟アメリカ 167
合衆国の創出と十字軍／先駆者スペイン／ヴァージニア会社／ピルグリム・ファーザーズ／メイフラワー盟約／マサチューセッツ湾植民地／神政政治／セイレムの魔女裁判／コットン・マザー／『マグナリア』／一八世紀のアメリカ／エレミアの嘆き／聖と俗／ネブカドネツァルの夢とアメリカ帝国

第六章　近代の十字軍思想　205
啓蒙主義／ロマン化される十字軍／解放されたエルサレム／自由と専制／オリエンタリズム／ユダヤ人のパレスチナ帰郷／第一次世界大戦／第二次世界大戦から冷戦へ

エピローグ――『レフトビハインド』について　227
携挙／神、悪魔、メディア／理性と寛容

補章　記憶と認識――「十字軍」はテロリズムを正当化するか　237
パリ同時多発テロ／「十字軍士」に対するＩＳの声明／ヴェルサイユで行なわれたオランド大統領の演説／ヴェルサイユの両院合同会議場／ミショーの『十字軍史』／ルイ・フィリップ／十字軍の間／レバノンとシリア／アレンビー将軍のエルサレム入城／反転した十字軍の思想／植民地主義とオスマン帝国／記憶と認識

参考文献　266

増補　十字軍の思想

プロローグ——よみがえる十字軍？

聖地エルサレム

エルサレムという都市がある。古い宗教都市で、ユダヤ教、キリスト教、イスラム教という三つの宗教の聖地である。

『旧約聖書』によると、パレスチナはユダヤ教にとって、神によって与えられた「約束の地」である。エルサレムはモーセの十戒を収める聖櫃の置かれた、その中心的都市である。したがって、エルサレムはユダヤ人にとって最も大切な聖地である。

また、この地はキリストが処刑され、埋葬され、再生したとされる場所である。キリスト教徒にとっても、エルサレムはキリストの墓とその教会「聖墳墓教会」のある、犯すべからざる空間である。少なくとも、そうであった。

一方、イスラム教にとって、エルサレムはムハンマド（マホメット）が天馬にのってメッカから来訪し、昇天した地である。彼がそこから昇天したとされる岩は、『旧約聖書』

とも無関係ではない。アブラハムが神への犠牲として息子のイサクを縛りつけた岩ともいわれるからである。その岩の上に、イスラム教の象徴ともいえる「岩のドーム」があり、それと隣接して壮麗なアル・アクサ・モスクが設置されている。それゆえ、ここは、メッカ、メジナに次ぐ第三の聖地である。

したがって、エルサレムはこの三つの、どの信仰の持ち主にとっても神聖な場所である。歴史的にも、それぞれの信仰の持ち主がそれなりに共存してきた。ところが、ここはいま、イスラエルによって、東エルサレムを含めてほぼ独占的に支配されている。パレスチナ紛争のひとつの淵源はここにある、といってよいだろう。エルサレムがユダヤ人によって支配されるのは、かつてその地に住んでいた人々の利害を侵しているだけでなく、イスラム教徒全体の宗教的・精神的利害を決定的に損ねていることにもなるからである。

イスラエルとイスラムとくにアラブ世界とが厳しい対決を続けるのは、その意味で不思議ではない。だが、二〇〇一年九月一一日のテロ事件の黒幕と目されたオサマ・ビンラディンが立ち向かおうとしたのは、イスラエルよりも、むしろアメリカだった。それはなぜなのか。

臼杵陽「米同時テロとイスラム――米は「聖地」を犯す「新十字軍」」(「現代思想」二〇〇一年一〇月臨時増刊号)によると、ビンラディンがアメリカを憎悪する理由の一端は「新十字軍」という考え方にみられる。エルサレムを占領しているイスラエルを軍事的に支えているのはアメリカで、これは「新十字軍」とその同盟者にほかならない、と。

こうして、ビンラディンは一九九八年に「ユダヤ教徒・十字軍に対するイスラム世界戦線」を結成し、アメリカに対するジハードを呼びかけた。むろん、アメリカのサウジアラビア駐留やイラクへの攻撃、イスラム教徒の殺害なども大きな理由である。だが「新十字軍」という理解が、「アラブ・ムスリムの琴線に触れている」のも事実だという。

十字軍の再来

十字軍は、一般的には一一世紀後半にはじまり、一三世紀末のアッコンの陥落にいたるまでにパレスチナ地方に派遣された、西洋の軍事行動と理解される。この理解を前提とすると、ビンラディンの用法は明らかに誤っている。

しかし、ビンラディンがあえてこの言葉を使ったのは、「十字軍」という言葉に魔力があるからである。彼はカタールの衛星テレビ局、アルジャジーラに放映させたビデオによる声明でも、繰り返し十字軍に言及し、西洋とくにアメリカとイスラエルを非難している。反十字軍の訴えは、反西洋、反アメリカの思想と正当性を一言で感覚的にイスラム教徒たちに容易に伝える効果をもっている。

『聖戦の歴史』の著者カレン・アームストロングによると、湾岸戦争のごく初期には、イラクのアラブ人やその支持者たちは、西洋側の攻勢を十字軍の再来だと非難した。もちろん、当時のジョージ・ブッシュ大統領やジョン・メージャー首相は、もし十字軍との関係を問われても、それをまったく否定したに違いない。しかしイスラム世界においては、「十字軍」(サリービーヤ)という言葉は、依然として死語ではない。十字軍は、西洋に関する「ムスリムの知覚の中心」にある。したがってアームストロングの考えでは、「これらのキリスト教の聖戦を理解し今日の中東における紛争との関連性を認識することがきわめて重要」(塩尻和子、池田美佐子訳『聖戦の歴史』柏書房)である。

同じことをもう少し刺激的に語っているのが、アラブの著名なジャーナリストのアミン・マアルーフである。彼はいう。二一世紀を前にして、アラブ世界の政治的・宗教的指導者は、相変わらずアラブの英雄サラディンやエルサレムの陥落や奪回を引き合いに出している。イスラエルはアラブの一般民衆の間で、また演説などでも、新しい十字軍国家と考えられた。

一九五六年のスエズ戦争は英仏両国が起こした十字軍であり、スエズ運河の国有化に成功したナセル大統領は現代のサラディンだった。一九八一年にローマ教皇を殺害しようとしたトルコ人メフメト・アリ・アージャは手紙で、「私は十字軍の総大将ヨハネ・パウロ二世を殺すことに決めた」と記している。マアルーフは続ける。

この個人的行為を超えて明らかになるのは、中東のアラブは西洋のなかにいつも天敵を見ているということだ。このような敵に対しては、あらゆる敵対行為が、政治的、軍事的、あるいは石油戦略的であろうと、正当な報復となる。そして疑いもなく、この両世界の分裂は十字軍にさかのぼり、アラブは今日でもなお意識の底で、これを一種の強姦《レイプ》のように受け止めている。(牟田口義郎、新川雅子訳『アラブが見た十字軍』ちくま学芸文庫)

アラブ側の「意識の底」にあるこのように強烈な否定的感情は、十字軍以来というよりも、むしろ一九世紀以降のことであろう。だが、いまもなお「十字軍」という概念が、イスラム世界において生々しい響きをもっているのは確かである。

ブッシュ大統領の戦争

十字軍が意味をもっているのは、しかし現代のムスリム世界だけではない。意味合いは違うが現代の欧米世界にとっても、それは少なからぬ現実的性質をもっている。同時テロ直後の九月一六日の記者会見で、ジョージ・ウォーカー・ブッシュ大統領は「この十字軍(クルセード)、このテロ行為に対する戦争は、時間を取ることになるだろう」と語って物議をかもしたが、これはその典型的な例であろう。

ブッシュとその高官たちは、イスラムの側の強烈な反発に驚いて、その意味を説明するのに躍起となった。「テロ行為に対する十字軍」というのは決して宗教的戦いを意味するのではなく、広範な正当性を表現するものだというのである。たしかにブッシュや政府高官は、イスラム全体に対する戦いではなく、「テロ行為」に対する戦いをイスラム諸国の協力も得て実行することを明らかにしていたから、この説明は必ずしもごまかしではないだろう。英語のクルセードは十字軍に違いないが、道徳性を伴う偉大な企てという広い意味をもつ。「禁酒のためのクルセード」などという言葉や運動は非常に多い。

日本でも、農薬散布に反対し、人力で草刈りを行なうボランティア運動に「草刈り十字軍」というのがある。この運動は、同名の題で映画にもなっており、いまも多くの人々をひきつけている。そこに反イスラムの感情があるはずもなく、「十字軍」という言葉を同じような意味で用いている例として想起すると、分かりやすいかもしれない。

しかし、ブッシュ大統領が「十字軍」という言葉を思わず口に出したのは、反イスラムではないにしても、そこに強い肯定的なニュアンス、さらにいうと道徳的で、神聖な戦いという意味を感じていたからであろう。実際、オックスフォードの上級英語学習者辞典は、この広い意味での「十字軍」を、「善」と信じられるもののための戦いまたは運動、あるいは悪と信じられるものに反対する戦いまたは運動、と説明している。

ブッシュ大統領は、善悪二元論的立場でものごとを考える傾向がある。世界を善と悪の二つに区分し、いずれにつくかという議論をたてるのは、根本に二元論的発想があるからだろう。この観点から、大統領は九月一一日の直後に、「悪の世界を取り除く」というアメリカの新しい使命を強調し、悪からなる世界を根絶する責任を訴えている。十字軍という言葉を用いたのはこの頃だから、ブッシュ大統領が、広い意味での善と正義のための戦いを表象するものとして、十字軍という言葉を使ったということは十分に想像できる。

その意味で、大統領の口走った「十字軍」は反イスラムではないとしても、一定の価値観、それも西洋で歴史的に形成されてきた価値観のための戦いを含意している。十字軍は西洋の「聖戦」であり、いかに概念が広げられたとしても、その性格を拭いさることはできない。

正戦と聖戦

十字軍という言葉は過去の遺物ではない。肯定するにせよ否定するにせよ、十字軍という言葉がなお強い政治的メッセージとしての性格と力をもっているのは確かである。それはなぜなのだろうか。

十字軍は過去の事件や現実であると同時に、時空を越える思想としての側面をもっているから、というのが私の答えである。十字軍という言葉は、なによりも観念の複合体としての西洋的思想もしくは表象であり、西洋の象徴となっている。欧米世界の表象であり、象徴であるから、現代においても肯定的にも批判的にも言及され、しかもその政治性はきわめて大きい。十字軍をめぐる戦いは、思想や観念の戦いでもある。

では、そのような思想や表象としての性格はどのようにして形成されてきたのだろうか。それにはどのような意味が含みこまれ、今日にいたったのだろうか。これを歴史的に探るのが、本書の目的である。そのような意味で語られる十字軍は、ブッシュ大統領が長い断絶の後に突如として口に上せたのでも、ビンラディンが埃の中から引っ張り出してきたわけでもない。そこには長い歴史がある。

いや長い歴史だけではない。十字軍にはいかにも西洋的、欧米的な特性がこびりついている。先走っていえば、その特性はなによりもキリスト教的武力行使、つまり聖性と暴力の結合にある。十字軍は西洋の「聖戦」であり、その思想の核心は独自の「聖戦」論にあるといってよい。西洋には別に「正戦論」と呼ばれる「正しい戦争」の思想があるが、簡単にいえば「正戦」論は世俗的戦争論であり、「聖戦」論は宗教的戦争論である。

正戦は、個人や集団の権利、身体、財産、名誉の侵害に対する武力行使、その意味での正義の執行という思想を本質とし、一定の法的制約を受ける。これに対して聖戦は神の命令、神の怒りに呼応するもので、戦いは熾烈である。聖なる戦いは神の報酬を得る作業であり、とりわけ十字軍にあっては、聖地への巡礼の思想と結合した贖罪の契機が強く含まれた。聖戦は、神の恩恵を得る行為だった。

正戦と聖戦、この二つは絡み合う形で西洋の戦争観と戦争法およびその思想史を構成してきた。とりわけ正戦の論理は、ビトリアやグロティウスなど近世の初期国際法学者によって国際法の世界に組み込まれ、現代国際法にも深いところで影響を及ぼしている。だが、ここでは一応、「聖戦」論に限定する形で話を進めることにしよう。なぜなら、「文明の衝突」が危惧される時代のもとで、いま「聖戦」や「十字軍」が政治の言葉として語られつつあるからである。

十字軍の思想について考察することは、歴史研究の一つの重要な課題である。フランスの著名な十字軍研究者ポール・ルセは、こう記している。

「十字軍の思想」は、起源からみると、制度化された十字軍そのものに先行していた。それはまた、現代まで存続し続けている。

「制度化された十字軍」とは、われわれが一般に十字軍としてイメージするパレスチナへの十字軍である。しかし、ルセが指摘しているように、「十字軍の思想」はそれよりも古く、それよりも新しい。新しいどころか、二一世紀初頭にまで続いている。私は、古代から二一世紀にまで及ぶ、この「十字軍の思想」の歩みを次章以下で追跡することにしたい。

第一章

主の剣

二人の天使によって加冠されるオットー大帝
(Johannes Laudage, "*Otto Der Große*", Verlag Friedrich Pustet)

スウェーデン
ノルウェー
デンマーク
ポメラニア
ヴェンデ人
支配地
キエフ公国
ースラント
ザクセン
ポーランド
諸辺境領
シュレジア
下ロート
リンゲン
ドイツ王国
ボヘミア
フランケン
上ロート
リンゲン
モラヴィア
シュワーベン
バイエルン
ハンガリー
ケルンテン
ブルグント
イタリア
ヴェニス
クロアティア
スポレト
ビザンツ帝国
ローマ
教皇領
南イタリアの
諸侯国

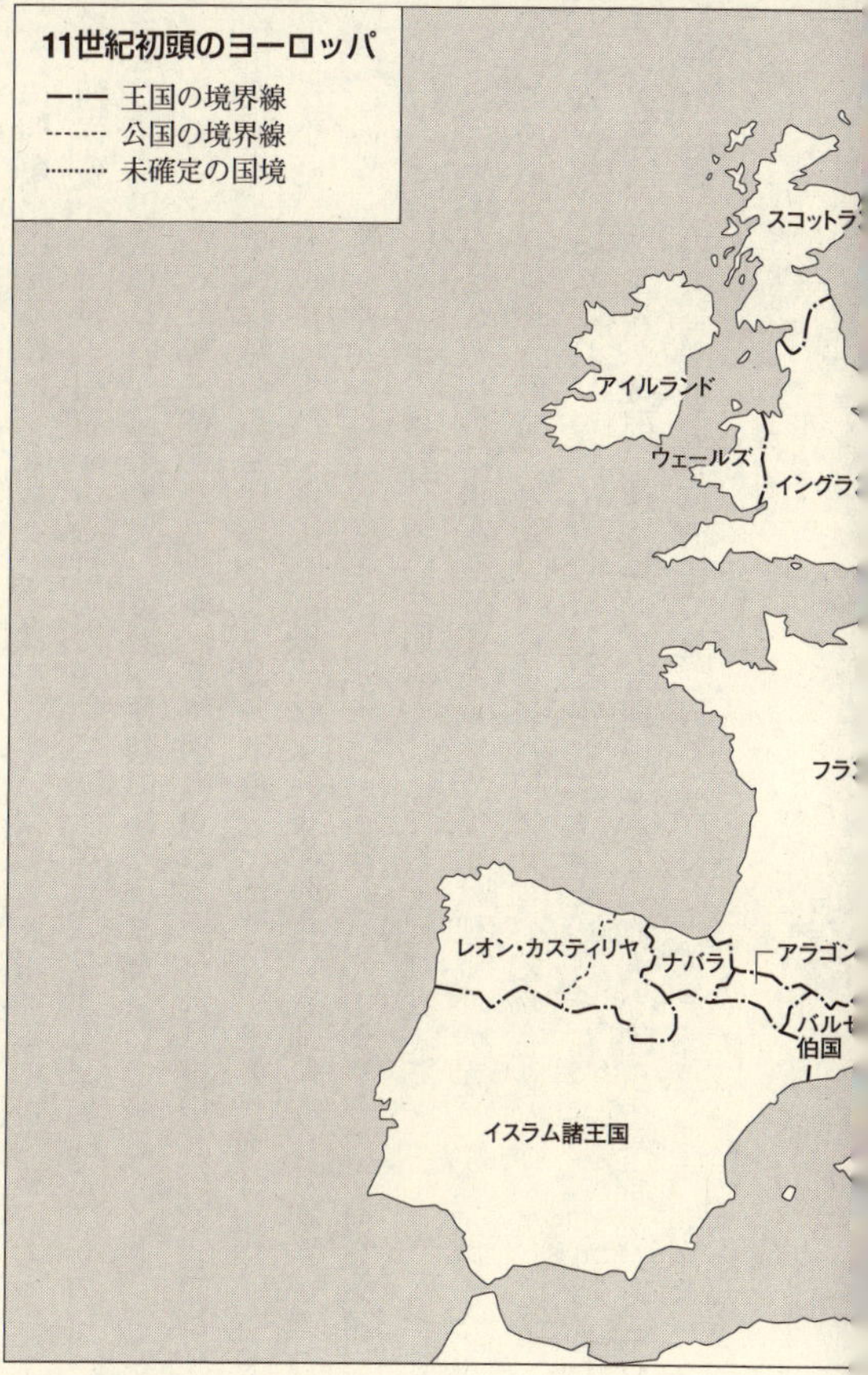

Timothy Reuter
Germany in the Early Middle Ages 800-1056, London and New York, 1991

十字軍以前にも「十字軍の思想」はある。十字軍以前の「十字軍の思想」とは何か。それは本当の「制度としての十字軍」と、どう関連するのか。これを探るのが、この章の目的である。

この問題を考えるには、言葉としては、まず「聖戦」を用いるのが適当だろう。十字軍は、西洋の中・近世の聖戦である。したがって、十字軍の思想を歴史的にさかのぼって考える際には、聖戦という言葉を用いるのが便利であり、また自然である。

それに伴って、最初に整理しておくべき事柄が現れる。それは聖戦という言葉の便利さに由来する。聖戦は時間や空間にあまり縛られない。つまり、それは西洋の中・近世に限定されない。それどころか、現代ではイスラム的なものという理解のほうが多いだろう。聖戦という言葉を使うならば、とくにイスラムの聖戦（ジハード）との異同を念頭におきながら、そのいくつかの形態について明らかにしておく必要がある。

また、十字軍と聖戦との関係も微妙である。十字軍は聖戦なのか。聖戦は即十字軍なのか。このあたりはそう厳密ではない。簡単に言い換えている例も少なくない。しかし、それでは混乱する。これについても、最初に触れておきたい。そのうえで、ローマ帝国、フランク王国、フランク帝国、神聖ローマ帝国のもとで、偉大な国王や皇帝が育み実行した聖戦の思想と現実を、十字軍前夜まで見ていくことにしよう。

ジハードと聖戦

イスラムのジハードは聖戦と訳される。十字軍も聖戦である。それでは、ジハードと十字軍は同一のものであろうか。最近、ジハードという言葉が盛んに使われており、関心も高いので、まずこの点を整理することから始めよう。

二つのものは、同じではない。ジハードは聖戦よりも広い概念である。それは、神に従えという神の命令への反応ではあるが、この場合の「反応」は武器への特殊な呼びかけを含まず、信仰への熱意に対する命令でしかない。ジハードとは本来、「ある目的のために払う努力」という意味である。

では、ジハードに聖戦の思想がないかといえば、これもそうではない。もし、ジハードの平和的側面だけを取りだして、イスラムの平和的性格だけを強調するなら、それはやはり一面的だろう。少なくとも、内外の敵に対して信仰を守るために行なわれる戦争はジハードであり、神のための聖戦である。

最近よく用いられるジハードは主としてこの意味のもので、攻撃されているイスラムの同胞を武器の力で守ろうという呼びかけである。この場合の聖戦は、攻撃的というよりも防衛的である。西洋の場合も同様で、聖戦とは、一般的には何よりも自身の信仰や宗教、その信仰・宗教共同体を守ろうとする戦いだといってよいだろう。これは、防衛的聖戦である。

一方、宗教的一体性を強制し、逸脱者を処罰するために行なわれる戦争を聖戦と呼ぶこともある。西洋では、キリスト教の正統教義を守るために武力を用いることは許されるというアンブロシウスや、ドナティウス派その他の異端に対してローマの軍事力を行使せよと主張したアウグスティヌスなどの考えがこれにあたる。現実に実行されたものとしては、インノケンティウス三世による、アルビ派・カタリ派への十字軍がある。また、宗教改革期のプロテスタント・カトリック双方に見出されるのもこの聖戦概念であろう。イスラムの伝統でも、背教者に対するジハードは、法学者によって広く認められている武力行使の一つである。要するに、内であれ外であれ、宗教的目的に対する軍事力の行使は、宗教的一体性を確保し、異端を処罰するための聖戦として、西洋でもイスラムでも正当とされていた。異端殲滅の聖戦、あるいはその異質性を認めないという側面に着目して、これを内的同質化もしくは内的純化の聖戦と呼ぶことができる。

では、攻撃的な聖戦はないのだろうか。むろん、ある。正しい宗教を強制し、神の権威と一致する社会秩序を打ち立てるために行なわれる戦争である。「右手に剣、左手にコーラン」という言葉は、イスラムの攻撃的な聖戦に対する表現である。このような聖戦は、異端ではなく異教徒を相手にするものだから、異教徒殲滅の聖戦あるいは外的同質化または外的純化の聖戦と呼ぶことができるだろう。

もっとも、イスラムが外的純化の聖戦を主要な戦いとしたというのは、事実とはいえない。異教徒を改宗させるのはイスラムにとって重要だが、主目的ではなかった。イスラムの為政者は、異教徒とくにキリスト教徒やユダヤ教徒から租税を徴収して、そのまま生活することを許すという政策をとった。

攻撃的なのは、むしろキリスト教のほうだった。異教徒を攻撃・征服し、殺害するか追放または同質化するのは、キリスト教的聖戦の一つの特質である。むろん、いつでもどこでも、そうだというわけではない。常に徹底して実行されたわけでもない。しかし、その傾向は、一般にイスラムの統治政策と比較すると、より強いように思える。それは、とりわけ十字軍とその思想によって推進された、と私は考えている。

西洋の聖戦

また、聖戦と十字軍との関係を論理的に整理すると、十字軍は聖戦だが、聖戦は十字軍とは限らない。聖戦は十字軍を含みこむ、より広い概念で、十字軍はその特殊な形態、特殊西洋中世的形態である。日本でも太平洋戦争時に「聖戦」という言葉は盛んに使われたが、十字軍という言葉が用いられたという話は聞かない。

つまり、聖戦という言葉は広い適用範囲をもつが、十字軍は狭く、西洋中世的、少なくともきわめて西洋的である。だから、他文明圏の人々がこれを自身の戦争の正当化に使おうとすると、感覚的に奇妙な感じに襲われてしまう。それどころか、十字軍は西洋と分かちがたく結びついているので、非欧米圏で反西洋感情を情緒的に生み出すのに、十字軍という言葉が好都合になる。

十字軍は、後で詳論するように、正しく権威付けられた神の代理人であるローマ教皇によって、神のために戦われる戦争である。教皇が戦争を権威化する核心にある。教皇が命ずるか、要請するのでなければ、十字軍ではない。教皇主導の聖戦である。

イスラムでも、スンニー派の場合の宗教・政治的指導者、またシーア派の場合は、イマム（ムハンマドの後継者）自身またはイマムによってとくに指定された代理人の命令によって、軍事的意味におけるジハードが遂行されるので、この意味での軍事的ジハードは十字軍に近い。だが、政治的指導者は「神の代理人」ではないので、同一視はできない。

その意味で、教皇が関与しない近・現代の戦争について十字軍という言葉を用いるのは、歴史学的には明らかに間違っている。ローマ教皇が呼びかけないのに「テロに対する十字軍」を語るのは、十字軍の僭称といってよいだろう。また、アメリカの行動をさして「新十字軍」というのも不当である。

しかし現実の社会や人々の感情は、歴史学の用語を忠実になぞるものではありえない。西洋では、教皇の主唱する十字軍が消滅した後も、なお十字軍という言葉が半ば比喩的に使われつづける。それは神の加護ある戦いとか、神によって正しいとされるであろう戦争というほどの意味である。だが神が意識される以上、これもやはり語の最も広い意味での聖戦といえる。

その広い意味での聖戦としての十字軍は、近・現代においても象徴的、比喩的意味で使われてきた。しかし、それは単なる比喩にとどまらない。十字軍はやはり西洋の聖戦である。長い歴史のなかで、その言葉に染み込んだ独自の雰囲気というものがある。「テロに対する十字軍」という言葉は、好意的に理解するなら、単に「テロに対する正当な戦い」以上の意味をもたない。だが、その表現には、やはり人を騒然とさせるものがある。西洋独自のキリスト教的聖戦思想とその実行という歴史的過去が、その一言に体現されているからである。

私は、著名な十字軍研究者であるエルトマンやルセと同様に、そのような西洋に独特のキリスト教的聖戦思想を、「十字軍の思想」と呼ぶのが適当だと思う。十字軍の思想は、西洋の確信的な暴力性、闘争性、侵略性を鋭角的に表現している。それは本来の意味での十字軍よりも、その前後にはるかに長い歴史をもち、より深く広く歴史を創り上げている。

私は、そのような十字軍思想の歩みを追跡することにしよう。その思想は、思想家によって論理的に語られることもあれば、戦いの際の指揮官の行動によって簡潔に示されることもある。また、人々一般の集合的心性、集団的心情・信念として立ち現れることもある。ここでは、その違いをとくに区別しないで話を進めてみたい。そのそれぞれが絡み合っているのが十字軍の思想だからである。
まず、その誕生と成長の話から始めることにしよう。

ミルウィウス橋の戦い

西洋的聖戦観としての十字軍の思想はいつから始まるのか。この問いに答えるのはそう容易ではない。さまざまな理解と解釈がある。古代ギリシアにも聖戦的考え方はある。だが、十字軍はキリスト教と西洋世界との組み合わせを基本とするから、古代ローマに起点を探るのが妥当だろう。

古代ローマ帝国でキリスト教を初めて公認したのはコンスタンティヌス帝（在位三〇六―三三七年）である。そのためにミラノの勅令（三一三年）が出されたのは有名だが、その前に、キリスト教を公認する直接のきっかけとなった事件があることはそれほど知られていない。キリスト教的聖戦思想は、この事件つまり「ミルウィウス橋の戦い」（三一二年）から始まる。

「ミルウィウス橋の戦い」はイタリアを支配していたマクセンティウス帝と、ガリア、ヒスパニア、ブリタニアの西方属州を支配していたコンスタンティヌス帝との戦いである。これは正帝の座を争った二人の、ローマ近郊のサクサ・ルブラでの雌雄を決する戦いだった。結果は、コンスタンティヌス帝の完勝だった。マクセンティウス帝は逃亡兵でごった返すミルウィウス橋から転落してテヴェレ河に落ち、溺死した。戦いの名称は、この橋にちなんでいる。だが会戦前は、勝敗の帰趨は不明だった。

そもそもギボンによると（中野好夫訳『ローマ帝国衰亡史2』ちくま学芸文庫）、コンスタンティヌス帝がイタリアに登場した時点では、マクセンティウス帝の総兵力は歩兵一七万、騎兵一万八〇〇〇であるのに対し、コンスタンティヌス帝の全兵力は歩兵九万と騎兵八〇〇〇で、遠征に使用できたのは四万程度にすぎなかった。優れた指揮官で、多くの戦いをすでに経験していたコンスタンティヌス帝であっても、不安はあっただろう。実際、彼は勝利を神に祈願した。この時のことを、帝の友人であり、『教会史』（全一〇巻、三二三年）を書いたことで有名なカイサリアのエウセビオスはこう伝えている。

コンスタンティヌスはキリストの父たる神に祈り、現在の困難に救いの手を差し出すように懇願した。そのとき、ある印が天から彼のもとに現れた。これは、後に皇帝自ら、その話を「宣誓」によって確認したものである。皇帝はこう語った。

　ちょうど正午を過ぎ始めた頃のことだ。余は自分の目で、天空の太陽のうえに光の十字のついたトロフィーとそこに「この印のもとに汝は勝利するであろう（in hoc signo vinces）」と刻み込まれているのを見た。これを見て、余と余に従って遠征に参加し、この奇跡の証人となってくれる余の戦士たちは驚愕した。（『コンスタンティヌス大帝伝』)

皇帝はこの奇跡を信じなかった。しかし、その夜、睡眠中に「神の救世主が、先に天空のなかに見たのと同じ印をもって現れた。神は天空に見たのと同じような印を作り、彼の敵と出会うたびにお守りとしてそれを用いるように命じた」。コンスタンティヌス帝は、そのとおりにして勝利を得た。

皇帝は、この勝利によってキリスト教に対する信仰を固め、その後、軍旗にギリシア語のXとP(キリストの最初の二文字)を十字に交差させたモノグラムを用いることにした。この旗は、当初は西ローマ帝国でしか用いられなかったが、コンスタンティヌス帝が三一四年に東のリキニウス帝を撃破した後は、東ローマ帝国においても採用された。

ミラノの勅令がミルウィウス橋の戦いの翌年に出されたことを思えば、コンスタンティヌス帝のキリスト教公認とその「奇跡」との間に、なんらかの関連はあると考えてよいだろう。神に祈り、その結果、勝利へと導かれたというのであるから、「ミルウィウス橋の戦い」は確信の程度は弱いとはいえ、最初の聖戦である。

その後、東・西ローマ帝国の戦争で、キリストを意味する十字のモノグラムが翻ることになったのも、重要な意味をもつといえよう。ちなみに、ローマ帝国の首都を東ローマのビザンティウムと定め、三三〇年にその地をコンスタンティノポリス(以下、コンスタンティノープル）と改名してローマから移ったのも、このコンスタンティヌス帝だった。ただ、帝が正式にキリスト教の洗礼を受けたのは、その死に際してのことであった。

新しいコンスタンティヌス帝

コンスタンティヌス帝はニカイア公会議（三二五年）を開催して、三位一体の教義を主張したアタナシウス派を正統とし、キリストの人間性を強調したアリウス派を異端としたことでも有名である。帝自身は異端も異教徒も弾圧しなかったし、後にアリウス派に傾き、洗礼を受けたのもアリウス派の司教からだった。

帝の死後も両派の角逐は続いた。三八一年のコンスタンティノープル公会議でアタナシウス派の勝利が確定し、アリウス派はゲルマン人の間で布教活動を続け、浸透していった。東ゴート王国、西ゴート王国、ブルグント王国は、すべてアリウス派の支配するところとなった。

その例外がフランク王国だった。フランク王国では、依然としてゲルマンの異教の神々が信仰されていた。国王自身が神の末裔であるという伝承もあった。というのも、メロヴィング朝という名の由来であるメロヴェウスが、神秘的な出生の秘密を有していたからである。

七世紀の神学者フレディガリウスの『年代記』（第三巻九章）によると、王家の開祖とされるクロディオンとその妻が海辺にあって、妻が泳いでいたときのことである。妻は突然、不思議な海の生き物に襲われた。誘惑されたともいう。いずれにせよ、その生き物は「ネプチューン（海神）」と呼ばれた怪獣だった。妻は身ごもった。父はクロディオンであり、またネプチューンだった。メロヴェウスが生まれたとき、二つの血が流れていた。王の血と神秘的な海の生物あるいは海神の血だった。この血のゆえに、王は超自然的力を備えるものと信じられた。手をかざすと傷がいえるとされたのも、そのためである。

メロヴェウスの孫クロヴィスは、そのような血を備え、それに誇りをもつフランク人だった。彼は他の者たちと同様に、異教の、ゲルマンの神々を信仰していた。彼の妻クロティルデはアタナシウス派の信者で、夫にカトリックに帰依するように勧めていた。しかしクロヴィスは、これを退けていた。

ところが、クロヴィスは四九六年に、ついにカトリックに改宗する。というのも、グレゴリウスの説明では、その年のアレマン人との戦闘で敗色濃厚になり、思わず妻の勧める神に助けを求め、勝利したからである。

クロヴィスは全滅に瀕するなかで、こう訴えたという。「クロティルデが、生ける神の息子であると説いているイエス・キリストよ、困っている者に援助を与え、あなたに望みをおく者に勝利を与えると言われているイエス・キリストよ。私は心からあなたの援助の光栄をお願いします。もし私にこれらの敵に対する勝利を恵んで下さるなら、そして…あの奇蹟の力を体験したならば、私はあなたを信仰しあなたの名によって洗礼を受けましょう」。彼がこう言った時、「アラマン人は背を向けて逃走し始めた」。(トゥールのグレゴリウス、兼岩正夫・臺幸夫訳『歴史十巻(フランク史)I』東海大学出版会)

クロヴィスのカトリックへの改宗の年については他にもいくつもの説があるが、五〇〇年前後に、ランスの司教レミギウスのもとで改宗したのはほぼ間違いないだろう。レミギウスは、それ以前からクロヴィスと親交があった。彼は、カトリックに改宗すればローマ教会の支援が国王にもたらされるだろうと記した書簡を、クロヴィスに送っている。

さらに注目されるのは、ヴィエンヌ司教の聖アヴィトスが、洗礼を受けたクロヴィスに宛てた書簡である。聖アヴィトスは、そこでクロヴィスと東ローマ皇帝を比較し、「あなたの光もまたそれ自身の輝きで燃えている。国王の身体のなかで、昇る太陽の光が西の諸国を照らし出す」と記している。

聖アヴィトスの言葉は、カトリックに改宗した新しい強力なゲルマン人国王に対する、ローマ・カトリック教会の期待のほどをよく示している。少なくとも、この言葉はフランク王国に対し、東ローマ帝国に対抗しうる西の新ローマ帝国への道を示唆した、と理解することが可能だろう。

トゥールの司教グレゴリウスもまた、その『歴史十巻(フランク史)』で、おそらくミルウィウス橋の戦いでキリストの神のもとに戦って勝利し、キリスト教を公認したコンスタンティヌス帝にちなんで、クロヴィスを「新しいコンスタンティヌス帝」と呼んでいる。
この時から、フランク国王は神の聖なる戦いの担い手となった。

トゥール・ポワティエの戦い

クロヴィスの始めたメロヴィング朝はやがて衰え、それに代わったのは宮宰（宮内長官）のカロリング家だった。なかでも、カール・マルテル（六八八―七四一年）は、ゲルマン社会のキリスト教化に努めた。

カール・マルテルはフランス南西部のアキテーヌを攻撃した。また、王国の権威に服従しない異教のフリーゼン、ザクセン、バイエルンに遠征し、フリーゼン族やヘッセン族に宣教活動をしていた聖ボニファティウスを支援した。フランケン、テューリンゲン、バイエルンのキリスト教化が推進され、七五四年にボニファティウスが死んだ時には、ザクセンを除く多くのゲルマン諸族がカトリック教会を受け入れるまでになっていた。

カール・マルテルの名をさらに高めたのは、王国東部のアウストラシアの貴族たちとともに、アフリカからイベリア半島をへて進軍してきたイスラム軍を、七三二年にトゥール・ポワティエで撃破したことである。彼は、この一戦によって、イスラム勢力からフランク王国、ひいては成長しつつあるカトリック・キリスト教世界を守ることに成功した。カロリングの宮宰が西のキリスト教世界の守護者たりうることを明らかにした点で、これは重要な一戦だった。

だが、この一戦は、本当にイスラム世界とキリスト教世界の決戦といえるものだったのだろうか。最近の研究は、これに否定的である。イスラムの側はヨーロッパを征服する気でピレネー山脈を越えたわけではなかったからである。

おそらく、この一戦にたいへん高い意義を与えたのは、一八世紀イギリスの著作家ギボンだろう。ギボンは、このトゥール・ポワティエの戦いを次のように伝えている。

イスラムのスペイン総督アブド・アッラフマーンがフランスへと侵攻したのは、七三二年のことだった。大軍を率いピレネー山脈を越えた、このイスラムの司令官は、迎え撃ったアキテーヌ公ユードの戦士たちを撃破し、南フランスを席巻し、大西洋岸よりの中部地方にあるトゥール近郊にまで到達した。

この危機的な状況のもとで登場したのがカール・マルテルである。カール・マルテルは、直ちにトゥールとポワティエの間の「フランスの中心部に敵軍を捜索してこれを発見した。こうして」、とギボンは続ける。

アジア・アフリカとヨーロッパの諸民族は、この世界史を一変することになる会戦に相競って出陣した。散漫な小競り合いの最初の六日間は東方〔サラセン側〕の騎兵隊と弓矢隊は優位を保持したが、七日目の接近攻撃においてこの東方の軍隊はゲルマン軍の剛毅と威力に圧服された。ゲルマン軍は強靭な心臓と鉄の腕によって彼らの後裔の市民的宗教的な自由を擁護した。カールの名前に付加されているマルテルつまり「槌」という綽名は、彼の無数の重々しい打撃を表している。(中野好之訳『ローマ帝国衰亡史8』ちくま学芸文庫)

ギボンによると、この「喜ばしい報知は間もなくカトリック世界全体に拡がって、イタリアの修道士たちはカールの槌で圧殺されたイスラム教徒の数が三五万人ないし三七万五千人であったに反しトゥールの戦野でのキリスト教徒の戦死者は千五百人に過ぎない、などと本気で伝えたほど」だという。

ギボンの、この戦いの「世界史」的意義に対する高い評価は、カール・マルテルの天才と武運がなければ、「定めし今頃はオックスフォードの学位試験ではコーランが教授され、この大学の説教壇は割礼を受けた国民にマホメットが啓示した神聖な真理を論証する場になっただろう」と伝えているところにもよく表れている。

ギボンのこのような記述が、後の歴史研究に大きな影響を与えたことは確かである。もっともギボンは、この勝利を神の助けによるとは記していない。啓蒙主義者である彼は、ヨーロッパをコーランの支配から救った事件を明記はしても、その勝利を神に帰することはしなかった。当然であろう。

ところが、当時の年代記はすでに、イスラム教徒との戦いやその勝利を、神の加護によるものであることを強調していた。カール・マルテルは「異教徒であるサラセン人をキリストの助けによって」破壊した、という。イスラムという強大な異教徒集団を前にして、信仰の違いを前面に押し出す戦争、つまり聖戦を強く意識する時代がはじまりつつあった。

ローマ教会とカロリング朝

ローマ・カトリック教会とカロリング家とのつながりをさらに決定的なものとしたのは、カール・マルテルの子、ピピン三世（小ピピン、七一四―六八年）である。彼は東のアウストラシアと西のネウストリアの宮宰を兼ね、七五一年、ついにメロヴィング家の国王ヒルドリクスを退位させ、自ら王位についた人物である。ピピンはその前年、ローマ教皇ザカリアスに使者を送り、王位に就くことの是非を尋《たず》ねていた。教皇ザカリアスはピピンの実力を認め、これを肯定した。

当時、ローマは、東ローマ総督府のあったラヴェンナを陥したランゴバルド国王に攻撃され、危険な状態にあった。七五二年に教皇位を継いだステファヌス二世はビザンツに助けを求めたが成功せず、アルプスを越えてフランク王国に逃れ、ピピンに救援を要請した。教皇はパリ近郊のサン・ドニ修道院に居を構え、王の戴冠式を再度行ない、ピピンとその二人の子に塗油し、ピピンに「ローマ人の保護者」の称号を与えた。ピピンも、これに応えた。彼は教皇とともにイタリアに進軍し、ランゴバルド人を破り、ラヴェンナを教皇領として寄進した。ランゴバルドはその後もローマへの威嚇を止めなかったので、ローマ教皇はピピンに救いを求め続けた。

フランク国王とローマ教皇との関係は、ピピンとステファヌス二世の死後も続いた。それどころかピピンの後継者は、さらにその関係を深め、聖アウグスティヌスやグレゴリウスが構想した、ローマ教会を守護する西ヨーロッパの皇帝となり、聖戦を貫徹して、さらに東へとカトリック・ヨーロッパを拡大した。七六八年に王位についた、この後継者とは、シャルルマーニュつまりカール大帝（国王在位七六八―八一四年、皇帝在位八〇〇―八一四年）である。

信仰心に篤いカール大帝はキリスト教世界の拡大を志し、異教徒を征服し、そこに教会を建てた。とりわけ、なおゲルマンの神々を信仰していたザクセン人との戦いは凄惨を極めた。

カールは、ザクセン人の信仰の中心である聖木「イルミン聖柱」を切り倒し、多数のザクセン人を殺害し、ザクセン人にあてた勅令では、キリスト教徒に対して陰謀を企て反抗する者には死刑を科すと宣言した。それどころか、カールはその勅令で、死刑の威嚇によって改宗を強制さえした。

もし今後、誰かザクセン族に属する者が人々の間に密み、洗礼を受けずに身を隠し、洗礼を受けることを軽蔑して異教徒であり続けようとするならば、その者は死刑に処せられねばならない。（「ザクセンの諸地域に関する勅令　第八章」）

これに対して、ザクセン族はよく抗戦したが、八〇四年に完全に鎮圧され、フランク王国に組み込まれることになった。フランク王国の東の境界はエルベ川にまで届き、カールはやがてその東のスラブ人も帰服させた。

この結果、支配地は拡大し、広大な版図がフランク王国のものとなった。それは現在のヨーロッパの中核部にあたる。彼はその当時、ある詩で「ヨーロッパの父」とすでに呼ばれている。

カール大帝とイスラム

フランク国王カールは八〇〇年一二月のクリスマスの日（二五日）に、ローマ教皇レオ三世によって皇帝の冠を与えられ、ローマ皇帝となった。『ロルシュ修道院年代記』によると、ローマ教皇は皇帝の冠を与えるに際して、カールを「聖別」したという。「聖別」とは、おそらくカールが「聖なる職務」につくこと、つまり皇帝が聖職でもあることを意味した。聖別の連禱を終えて、皇帝の冠を教皇から授けられたとき、観衆は「神によって冠を授けられた、このローマ人たちの皇帝に長寿と勝利を！」と叫んだという。

ビザンツでは皇帝の就任に不可欠なのは、競技場に集まった民衆の歓呼だった。ゲルマンにも、国王選出について、その伝統があった。カールの場合も、聖ペトロ教会の観衆は皇帝の「長寿と勝利」を祈った。

だが、ここでは、歓呼のまえに聖別と加冠の儀式があった。その結果に対して、歓呼があった。東ローマ皇帝のビザンツでは、歓呼の後に加冠の儀式が行なわれていた。つまり、「カールを新しい皇帝に選んだのは市民たちではなかった。新しい皇帝を選んだのは神であり、そしてそのことは、ローマ教皇によるカールの聖別というかたちで表現されていた。この聖別こそ、カールの皇帝戴冠式でもっとも重要な儀式であった」。（五十嵐修『地上の夢 キリスト教帝国』講談社）

カール大帝はこうして、すぐれてキリスト教的な皇帝となった。彼は、「神によって冠を授けられた」ローマ・キリスト教帝国の皇帝であり、「霊の権威と世俗の権威との両剣を掌握した神聖なる君主であった」（クリストファー・ドーソン、野口啓祐他訳『ヨーロッパの形成』創文社）。カールはこれを強く意識し、キリスト教およびキリスト教徒である臣民を守ることを使命とした。その使命のなかに、エルサレムへの巡礼を確保することも含まれていた。

皇帝のこの使命は、フランク国王の使命でもあった。実は、以下ですぐ説明するように、皇帝の神的性格はもともとフランク国王に付着しているものだった。したがってカールがキリスト教的権力であるのは、フランク国王の時代からである。その観点からみると少しも不思議ではないが、カールは七九七年、バグダードのカリフに、カリフの部下たちがパレスチナのキリスト教徒たちを迫害しないように求める使節を派遣している。このことについて、カールの宮廷の学者で、その友人であり助言者でもあったエインハルドゥスの伝記はこう記している。

ペルシア王もカールと友情に満ちた協調関係を保ち、全地球上のすべての王や元首の友誼よりもカールへの好意を優先させた。またカールだけを、名誉と贈物で敬意を払うに値する人物と見なした。

そのため、王が奉納物をもたせて、主にして救済者たるキリストの聖墓と復活の場所へ使節を送ったとき、使節がペルシア王の下に出かけカールの意向を伝えると、「王は要求を受諾したばかりか、贖罪の行われたあの聖地をカルロス（カール）の権限の下におくことにも同意した。そして使節が帰国するとき、王はこれに自分の使節を加え、着物や香料やその他の東方の財宝とともに巨大な贈物を、カルロス王にことづけた。巨大な贈物というのは、数年前その時彼が唯一頭しか持っていなかった象をカルロスが所望したので、今度送ったものである」。（國原吉之助訳『カルロス大帝伝』筑摩書房）

このペルシア王とは、あの『千夜一夜物語』で有名なカリフ、ハールーン・アッラシード（七六六—八〇九）のことである。使者が帰ってきたのは、それから四年後のことだった。

三人の使節のうち二人は客死していた。残りの一人は、たしかに「巨大な贈物」＝象と一緒だった。象のことが特筆されているのは奇妙だが、これはカールが待ち望んでいた贈物だったらしい。象は、ハンニバルの場合を初めとしてローマ史にしばしば登場する。だが西洋では、何百年ものあいだ姿を消していた。歴史好きのカールは、これを実際に見たがったという。

象は大切に扱われたが、八一〇年に死ぬ。ただハールーンは他にも、カールの「意向」に添うような重要な贈物をしている。エルサレムの聖墳墓に関わる特権である。それは、キリスト教徒の安全保障と巡礼の安全通行、および聖墳墓教会近辺に巡礼のための宿舎を作ることの許可だったといわれる。ちなみにエルサレムは六三八年以来、カリフの支配下におかれていた。

パレスチナとイスパニア

ハールーン・アッラシードの使節団が到着する六カ月ほど前に、すでに別の一団がエルサレムからカールのもとにやって来ていた。戴冠式の行なわれる直前の、八〇〇年一二月二三日のことである。カリフのもとに向けられた使節はエルサレム大司教のもとに立ち寄り、エルサレム大司教との間にも友好関係が樹立されていた。エルサレムからの使節は、エルサレムの聖墳墓とカルヴァリの丘の鍵、エルサレムとシオン山の鍵、エルサレムの旗をカールにもたらしている。

ロベール・フォルツによると、「王に贈られた鍵は宗教的なシンボル、すなわちパレスチナ教会の長からの祝別のしるしである。旗にはそれ以上の意味があった。それは厳密な意味で、エルサレム守護の任務を王に授けたしるしでないにしても、王にその任務が課せられたことのしるしと理解された」。（大島誠訳『シャルルマーニュの戴冠』白水社）

カールがキリスト教王国あるいは帝国の最高権力者として、パレスチナやエルサレムに深い関心をもっていたのは間違いない。そもそもキリスト教徒の巡礼を安全にパレスチナに送り込むことは、フランク国王の代々の重要関心事だった。カールの父のピピンも、七六五年にバグダードに使節を送っている。フランク国王とバグダードのカリフが使節を交換するのは、それなりに双方に利益があったからである。それは、東ローマ帝国のパレスチナへの影響力を排除することだった。

興味深いのは、カール大帝が東ローマとともに異教徒国家と戦うのではなく、むしろ東ローマの力を削減するために、信仰の異なるカリフと親交を結んだことである。ここでは、国際政治上の利害が信仰に優先している。

むろん、イスラムの側も同様である。たとえば、パーダーボルンにあってザクセン征討を続けていたフランク国王カールのもとに、七七七年、一人のイスラム教徒が訪れたことがある。バルセロナ・ジェロナ・サラゴサのイスラム支配者、スレイマン・ベン・アルアラビである。彼はコルドヴァの太守に対抗するための支援をカールに求め、ピレネー山脈南側の地域のカールへの忠誠を約束した。

七七八年、ローマ教皇ハドリアヌス一世の祝福を受けて、カールはフランク軍を率いてイスパニアへと向かった。戦争は計画通りに行なわれ、スレイマンはフランク軍とともに太守と戦い、勝利しつづけた。フランク人はサラゴサまで進み、そこを本営にしようとした。

しかしこの時、サラゴサの人々がフランク軍に反乱を起こしたらしい。あるいは、フランク軍自身が方針を変更したのかもしれない。とにかくカールの軍隊は、サラゴサを捨てて帰国の途についた。この帰途、しんがりがロンスヴォーでバスク人に襲われて、多数が殺された。八月一五日のことだった。『ローランの歌』のもととなった事件である。

異教の大王

カールのイスパニア遠征を、スレイマンの誘いによるものとだけ見るのは不当だろう。カールは、キリスト教世界の拡大という構想のなかにこの戦いを位置付けていた。ローマ教皇に送った書簡で、イスラム教徒との戦いという認識も示されている。だが、一部のイスラム教徒と手を組んだのだから、それほど厳密な聖戦でなかったのも確かだろう。にもかかわらず、皮肉なことに聖戦の要素が少なく、しかも敗北まで喫した戦いが、かえってカールに聖戦遂行者のイメージを強く与えることになる。

バスク人、一説によるとサラゴサからのイスラム教徒によって襲われたしんがりは、全員戦死した。そのなかに主膳官のエッギハルト、宮中伯アンセルム、ブリタニア辺境伯ローランがいた。この事件は一一世紀にいたるまで語り継がれ、やがて、ローラン伯を主人公とする『ローランの歌』ができあがっていった。

この詩は、十字軍の時代に盛んに詠われた。ローランの戦死は、キリスト教的戦士の悲劇的、英雄的殉死に高められていた。カールである「大帝シャルル」は聖戦の遂行者としてその復讐を遂げる、キリスト教の英雄である。『ローランの歌』のもとでは、イスラム教徒はあくまで怪物で、偶像崇拝者だった。

シャルルはローランの死後、イスパニアに上陸した「異教の大王」と全軍をあげて戦う。両軍は互角の激戦を繰り広げ、多数の戦死者が出た。その戦いのなか、黄昏時《たそがれ》になって、シャルルと大王とは互いを求めて叫び、ついに一騎打ちを始める。いかにも騎士の時代にふさわしい舞台設定である。

おもしろいのは、二人の掛け合いである。詩によると、「異教の大王」はシャルルに、

「後悔せりと詫びを入れよ」と伝えた。自分の子を殺したうえ、領土を手にしようなどとはとんでもない。しかし自分の臣下となるならば、封土として取らせよう。「東まで来たりてわれに仕えよ！」と。シャルルは、こう反論した。

「神のわれらに示し給う御教え、
キリスト教を受け容れなば、ただちに誼《よし》みをそそごうぞ。

来たりて、全能の王者を崇め、信ぜよ！」と。

バリガンの言うには、「烏滸《おこ》の説教を始めたる！」

かくてふたたび剣を振って撃ち合いたり。（佐藤輝夫他訳『ローランの歌』ちくま文庫）

「大剛の強者」である大王にシャルルの兜が討ち割られ、あわや、となるが「神はシャルルの敗亡を欲し給わず」。ついにシャルルの一撃が異教の大王の兜を討ち割り、顔を切り下げ、大王は死ぬ。異教の軍勢は敗北した。イスラム軍は敗走し、フランス軍はこれを追い、サラゴサに入城する。

ただちに、異教徒狩りが行なわれた。フランス勢一〇〇〇は「城下一帯、ユダヤ教会、回教会など」を隈なく捜索した。兵たちは「すべての画像偶像」を打ち壊した。「詛《のろ》いと妖術のたぐいは」、その影をすべてひそめた。従軍僧が祈りを唱え、池の水を聖化し、異教徒をこの洗礼の池に導いた。洗礼は強制だった。シャルルの命にそむくならば、捕えて「火刑」または「断罪」に処した。このようにして、洗礼を受けたものは「十万余」に及んだ。

ここでのカール大帝は、イスラムと戦い、異教徒に改宗か死かという選択をつきつけて洗礼を施すことを辞さない、攻撃的聖戦の遂行者だった。少なくとも『ローランの歌』が広く流布した時代には、それは聖戦のイメージに合致するものだった。

カール大帝が実際にエルサレムに出かけ、イスラム教徒と戦ったという物語すら作られた。カール大帝は十字軍の先駆者としての誉れを与えられた。十字軍の時代のフランス国王は、その後継者としてエルサレムへと向かうことに強い動機を持ちつづけた。

「この剣を受け取れ」

フランク帝国と神聖ローマ帝国のほぼ千年に及ぶ歴史の中で、大帝と呼ばれるのはカール一世と神聖ローマ帝国の開祖オットー一世（九一二―七三年）だけである。カール大帝とともにキリスト教的聖戦の執行者であるオットー大帝の例を、次に見てみよう。

カール大帝と同様に、オットー大帝もまた世俗的権力者であるだけでなく、すぐれて聖的な存在だった。彼の王位就任の儀式はその性格を濃厚に示している。その儀式は、九三六年の夏に行なわれた。ヴィドキントの『ザクセン史』に従って、その過程を示すことにしよう。

アーヘンつまり故カール大帝の宮廷所在地で、選挙と戴冠式が行なわれた。ドイツ王国の全域から、大公や諸侯その他主要な騎士たちがアーヘンの宮廷に参集した。オットーは、カール大帝の壮麗な教会に隣接した柱の間の椅子に座した。大公たちは「彼らの手をオットーの手に委ね（つまり忠誠をささげ）、誠実を誓い、彼のすべての敵を倒すための援助を約束し、彼らの慣習にしたがって彼を国王とした」（第二巻一章）。次いでオットー一世は、マインツ大司教ヒルデベルトと聖職者と人民の待つ教会に進んだ。

マインツ大司教は国王を人民の前に示し、叫んだ。「見よ、余は、神によって選ばれ、権力の担い手たるハインリヒ（オットーの父ハインリヒ一世捕鳥王）によってかつて定められ、いますべての諸侯によって国王とされたオットーを汝らのもとに導くものである。もし汝らがこの選出を喜ぶのであれば、（誓の手である）右手をあげてその意を示せ」と。人々は右手を高々とあげ、喝采し、新しい王の繁栄を望んだ。

儀式はさらに続いた。大司教と新国王は聖壇の背後に進んだ。聖壇の上には剣と剣帯、マントと留め金、杖と王笏、王冠が置かれていた。マインツ大司教は剣と剣帯をとって、国王にこう語った。「この剣を受け取れ。この剣によって、キリストのすべての敵、異教徒と悪しきキリスト教徒を駆逐せよ。神は、すべてのキリスト教徒の平和を確かなものとするために、汝にフランク人たちの全帝国の全権力を与えられた。その力で駆逐せよ」。

「この剣」は、キリスト教徒の敵を倒すための聖剣だった。この後、大司教はオットーに塗油し、加冠した。その後オットーは、カール大帝が使っていたという王座のもとに導かれた。塗油により聖的存在に高められたオットー一世が誕生した。

国王の戴冠式がアーヘンで行なわれたのは、やはりカロリング王国とのつながりが意識されたためだろう。オットー一世はカール大帝の後継者であることを象徴的に演じ、王権の威儀と力を示そうとした。そのなかにキリスト教世界の頭目という要素があったのは、儀式の内容からも明らかである。戴冠式に聖職者が関与し塗油するという作業が、これをよく物語っている。

塗油は、国王や、ドイツ国王が就任した皇帝の戴冠式に不可欠だった。この作業によって、フランクやドイツの国王そして皇帝たちは聖化され、聖俗両面において屹立した存在となった。国王や皇帝は、聖の面においても最高権力者だったから、ドイツや帝国における大司教や司教の選出に深く関与することができた。彼は候補者のなかから適任者を最後に指名するか、自ら候補者を選ぶかのいずれかの権利をもっていた。後の場合、選挙は、もはや選ばれた候補の確認以上の意味をもたない。

国王は教会の頂点にあり、宮廷が教会の中心に位置していた。教会は王国統治の不可分の構成要素だった。聖と俗が不可分に絡みあうこの体制を、王国（帝国）教会制という。

レヒフェルトの戦い

オットー一世の有名な東方政策もまた、聖俗の頂点にある国王の使命と固く結びついていた。侵入するマジャール人などと戦ったのは、部族民の生命や財産を守るためだけではなかった。異教徒たちからキリスト教徒を守るという使命が、国王に付与されていた。

この使命は、キリスト教を守ることに尽きなかった。キリスト教の伝道を可能にすることも、そこに含まれていた。カール大帝に続いてオットー一世もまた、キリスト教の王として、防衛にとどまらず伝道を後援する体制を整え、異教徒のキリスト教化を推進することに邁進した。

オットー一世は北と東に辺境領を作り、キリスト教の伝道活動を推進した。その活動で、デンマークのキリスト教化に成功すると同時に、東のマクデブルクにマウリティウス修道院を創建した。九三七年のことである。

マウリティウスは三世紀の人で、エジプト出身のキリスト教徒からなるテーベ軍団の指揮官だった。遠征先のガリアでローマの神々への祭儀に参加することを拒否して、兵士とともに殉教したといわれる。オットー一世は、戦士にして敬虔なキリスト教徒で殉教者であるマウリティウスを守護聖人に据え、異教徒を武力によって改宗させることを目指した。

この一連の動きのなかで、布教活動が推進された。九四八年にはブランデンブルクとハーフェルブルクに司教区が設置された。伝道活動はさらに東南、とくにザール川東方のボヘミアへと向かった。オットー王国の拡大と結びついたキリスト教化の波が、東をさらい始めていた。

キリスト教世界の拡大に危機感をもったのが、辺境地帯の異教徒スラブ人やマジャール人だった。こうしてマジャール人は、再び王国の内部へと侵攻を開始した。このとき、オットー一世がマジャール人を撃破したのがレヒフェルトの戦いである。

この戦いは九五五年八月一〇日、オットーの指揮下に集結したザクセン、フランケン、バイエルン人からなる王国軍とマジャール軍との間で、アウクスブルク近郊のレヒフェルトで行なわれたものである。

当時の年代記によれば、マジャール軍はレヒ川を渡ってオットーの軍隊を包囲した。国王は多数の敵を眼前にして、戦士たちを鼓舞するためにこう檄《げき》を飛ばしたという。

余は、余の領国と王国の中にあって逃げるべきだろうか。なるほど、数の点でわれわれは陵駕されている。しかしながら、……彼らが持っているのは彼らを守るための勇敢さだけだが、われわれには神の望みと守護がある。ほぼ全ヨーロッパの主人であるわれわれが、敵に降伏することを恥じよ。……さあ、ここでより良い会話を始めよう。言葉ではなく、剣による会話を。(『ザクセン史』第三巻四六章)

国王は自ら盾と聖槍をもち、最初に敵陣へと馬を疾駆させた。これに多数の騎士が続いた。マジャール人たちはついに逃走を始め、多くの兵士が殺された。本営が襲われ、その翌日も翌々日も、マジャール人は殺されつづけた。逃れることができた者はほとんどいなかったという。「神の加護」のもとに戦い異教徒に勝利したこの戦いは、聖戦だった。

この聖戦に先駆けて、オットー一世はある注目すべき誓いを行なっている。戦いの行なわれる八月一〇日は、ローマの殉教者である聖ラウレンティウスの祝祭日だった。そこで王は、勝利の暁には、メルゼブルクにラウレンティウスのために司教区を作るという誓約を行なった。レヒフェルトでの勝利の後に、それは実現された。

影響力の減退することを恐れたマインツ大司教などの反対はあったが、九六八年、オルデンブルクやマイセン、メルゼブルクなどに新しい司教区が設置され、これらスラブ人地区の司教区を統括するためにマクデブルクに大司教座がおかれることになった。マウリティウス修道院は大司教座教会に昇格した。東欧のキリスト教化の拠点がここに完成した。

オットー大帝の特権状

レヒフェルトの戦場で、王国の戦士たちは偉大な勝者オットー一世を称え、その場で「皇帝」と呼びかけたという。ヴィドキントの報告によると「その偉大な勝利の栄光に包まれて、国王は彼の軍隊によって祖国の父にして皇帝と呼ばれた。彼は、すべての教会で最高の神に栄誉と賞賛をなすように命じた」。(『ザクセン史』第三巻四九章)

九六二年二月二日、オットー一世は妻アーデルハイトを伴い、ヨハンネス一二世によって加冠され、皇帝となる。カロリングの血を引く最後の皇帝フリウリのベレンガル以来、ほぼ四〇年ぶりである。これによってオットー一世は、オットー大帝と称えられることになった。

このとき、オットー大帝がローマ教皇ととり交わした興味深い条約がある。戴冠式の一〇日ほど後の二月一三日に締結された「確認協約」、いわゆる「オットー大帝の特権状」である。これは教皇に対する皇帝の優位性を確認したものだった。この協約は、ピピンやカール大帝といった「先駆者」に従い、教皇へのピピンの贈与を更新した。また、皇帝によって与えられるローマ教皇の権利を列記した。この面では、これは決して教皇にとって不都合な確認ではない。

しかし、その一方で、協約はローマ教皇の義務を規定した。それはローマ教皇に対し、新たに選出された場合、その受任前に直ちに皇帝に対して忠誠を誓わねばならないと規定した。これは、教皇の選出に皇帝が介入する権利を明記したものだった。このようなことが可能だったのは、ドイツ国王や神聖ローマ皇帝のほうがローマ教皇よりも力の点で圧倒的に強く、威信の面でもより高かったからである。

皇帝はキリストの代理人だったが、ローマ教皇はキリストの使徒である聖ペトロの代理人にすぎなかった。教皇がキリストの代理人を名乗るようになるのは、最も強力な教皇といわれるインノケンティウス三世以降である。ローマ教皇は、国王や皇帝に対して劣勢だったといってよい。実際、オットー大帝の即位後の百年間のうちに、二一名が皇帝によってローマ教皇に任命され、そのうち五人が皇帝によって罷免されている。

したがって、改めて確認するが、国王や皇帝が異教徒と戦う場合、それは必然的に聖戦の性格を帯びた。彼らはなによりも神権的な国王であり皇帝だったからである。

しかし、逆説的だが、彼らの聖戦は、それゆえに世俗的性格を強く持っていた。なぜなら、国王や皇帝は神権的性格をもつと同時に、なによりも世俗世界の為政者だったからである。彼らの戦争や征服は、なるほど宗教的性格を強く持っているが、同程度に、あるいはそれ以上に世俗的、政治的利害に駆られたものであった。主導権はすべて彼らが握っていた。ローマ教皇は、ただ彼らの勝利を祈ってさえいればよい。そのような存在にすぎなかった。

武器を帯びたローマ教皇

ドイツの帝国教会制のもとで、大司教や司教は帝国の主要な構成員だった。彼らは政治や軍事にも従事し、時には司教自ら、少なくとも臣下を軍事力として帝国軍に送った。

一例をあげよう。帝国教会制を強く推進した神聖ローマ帝国のオットー二世（九五五―九八三年）が、コトローネ近郊でサラセン軍と戦ったとき、皇帝軍の擁する騎士二〇〇〇名のうち、修道院長および司教が提供した騎士の数は約三分の二に達していた。世俗の諸侯が提供したのはわずか五〇〇程度にすぎなかった。司教自ら武装して従軍することも珍しくはなかった。それどころか自ら武器を帯び、戦うローマ教皇さえいた。

八四九年、教皇レオ四世はローマを襲う海賊を討伐するための艦船を、自ら指揮したという話が伝えられている。これが事実か否かは不明である。だが、その三年後にサラセン人に対する戦いをキリスト教徒に呼びかけ、自らも軍を率いたのは確かである。

彼はこのとき「フランク軍への書簡」（八五三年）で、「信仰の真実と魂の救い、キリスト教と祖国の防衛のため」の戦いで、その生命を失うであろうフランク人戦士に神の報奨を約束した。この一文は後の教会法学者によって広く引用され、聖戦すなわち神聖な作業としての異教徒に対する闘争という理念を広める上で重要な役割を果たした。

ヨハンネス八世は、ノルマン人とサラセン人に対して武器を取るように全キリスト教徒に説いて失敗したために、自ら軍を起こし、海陸でサラセン人と戦った。彼はまた「シャルルの王国に住む司教たちへの書簡」（八七九年）で、神の神聖な教会とキリスト教の信仰および祖国の防衛のために戦死するであろう者たちに、永遠の生命の保証を与えた。

一〇世紀になると、ヨハンネス一〇世がムスリムの海賊と直接戦っている。ヨハンネス一二世もまた、自ら兵を率いた。リウトプランドゥスの『オットー年代記』では、ヨハンネス一二世の多くの犯罪のなかに「家に火を放ち、武器をもち、兜をかぶり、鎧をつけて公衆の前に現れた」ことがあげられている。シルヴェステル二世、また一一世紀の教皇ベネディクトゥス八世、グレゴリウス六世は、武器の操作方法に習熟していたという。

聖職者が武器を振るってはならないというのは当然の原則だった。だがその原則は、上級の聖職者には必ずしも厳密に適用されていなかった。司教や大修道院長は帝国の軍事行動に自ら参戦し、これを疑問に思わなかった。六七三年に開かれたメロヴィング朝最後の教会会議はすべての司教や聖職者の武器携帯を禁じたが、カロリングの諸教会会議は聖職者の武器携帯を再び禁じつつも、その聖職者のなかに司教を含めなかった。九世紀と一〇世紀の司教は異教徒の侵略に対する防衛のイニシアチブを自らとったし、八八六年から九〇八年までのあいだに、一〇人のドイツ人司教が自身の兄弟との戦争を行なっている。

主の剣

このような状況のもとでは、十字軍は起こりようがなかった。なぜなら、十字軍はローマ教皇が呼びかけ、戦いを正当化することによって生じる、優れて宗教的な戦争、典型的で攻撃的な聖戦だからである。そこには強い宗教的動機がある。

ところがカール大帝もオットー大帝も、異教徒との戦いを自らの判断と決断で実行している。それは聖戦ではあるが、高度の政治的判断に裏打ちされた戦いでもあった。宗教的動機と政治的動機が渾然一体と化していた戦いだった。しかし十字軍は、そうではない。それは、第一に宗教的動機によって動かされるものだった。

したがって、十字軍が可能となるには、ローマ教皇権の強化と独立が必要だった。その必要を満たしたのは聖職叙任権闘争である。

聖職叙任権闘争とは、ドイツの著名な歴史学者カール・ボーズルによれば、「教皇の上位支配権、統制権、最高判決権への」権利主張である。それは、「それまでの支配の教会化と教会論的支配イデオロギーに内包されていた、塗油されたる王、キリストの代理者たるものの神権的君主支配」（山田欣吾他訳『ヨーロッパ社会の成立』東洋書林）を否定するものだった。その闘争の狙いは、つまるところ「この教皇権と教会を、地上におけるキリストの代理者であり、教皇と教会の自律的地位を脅かすところの、宗教的に塗油された王・皇帝の強権的上位支配から解放すること」だった。

教皇はそれゆえ、これまでの立場の逆転を図った。教皇が世界の支配者であり、皇帝や国王は「せいぜいローマ教会と教皇の守護役人たるべきものとされた」。その際、とボーズルは言う。「教皇はその地位を、聖戦とキリストの軍（militia Christi）を宣することによって固めた。けだし、いまや改革派教皇権が掲げたような遠大なイデオロギー的、政治的権利主張は、力と武器なしには貫きえないものだったからである」。

この「聖戦とキリストの軍」こそ、十字軍にほかならない。実は、そのような意味での聖戦を最初に大規模な形で実行しようとしたのは、聖職叙任権闘争を引き起こしたローマ教皇グレゴリウス七世その人であった。

そのグレゴリウス七世（在位一〇七三―八五年）が残した書簡（一〇七四年）によると、「サラセン人の頻繁な攻撃によって抑圧され、多くの羊たちのように日々殺害されている」コンスタンティノープルのキリスト教徒たちが、救援の手を差し伸べるように彼に求めていた。そこで教皇は、「海を渡り」、「神の敵」の軍隊を指揮し、主の墓のもとに軍を進めることに決心したという。

当時、なお親交のあった皇帝ハインリヒ四世にあてた同年一二月の手紙では、教皇は五万人以上の騎士を準備したと伝えている。グレゴリウス七世は、「教皇座にあった最も戦士的な教皇」（エルトマン）だった。

グレゴリウス七世が好んで口にした旧約聖書の言葉がある。

主《しゅ》が課せられた努めを
　おろそかにする者は呪われよ。
主の剣《つるぎ》をとどめて

流血を避ける者は呪われよ。（「エレミア書」第四八章第一〇節）

「主の剣」は、エルサレムに向けられていた。

第二章

「神がそれを望み給う」

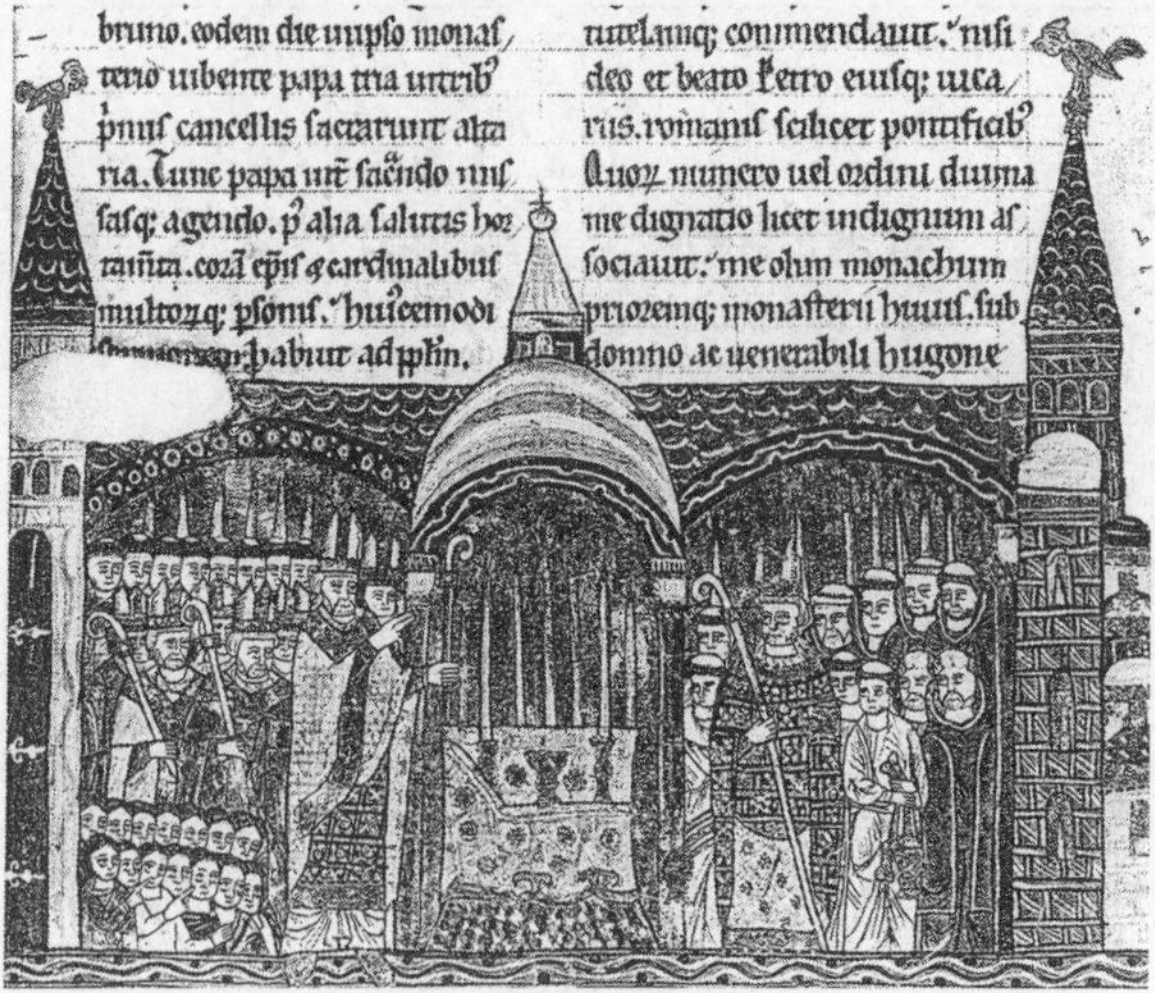

クリュニーの教会堂を聖別するウルバヌス2世（1095年10月）
（George Holmes（ed.）, "*The Oxford Illustrated History of Medieval Europe*", Oxford University Press）

黒海
コンスタンティノープル
ルーム・セルジューク王国
カエサリア
ゴドフロワ・ド・ブイヨン
フリードリヒ1世
コンヤ
エデッサ
ルイ7世
アレッポ
アンティオキア
リチャード1世
キプロス
コンラート3世
アイユーブ朝
ベイルート
ダマスクス
シドン
アッコン
ヤッファ
エルサレム
クサンドリア
カイロ
帝国
シナイ半島
ナイル川
紅海

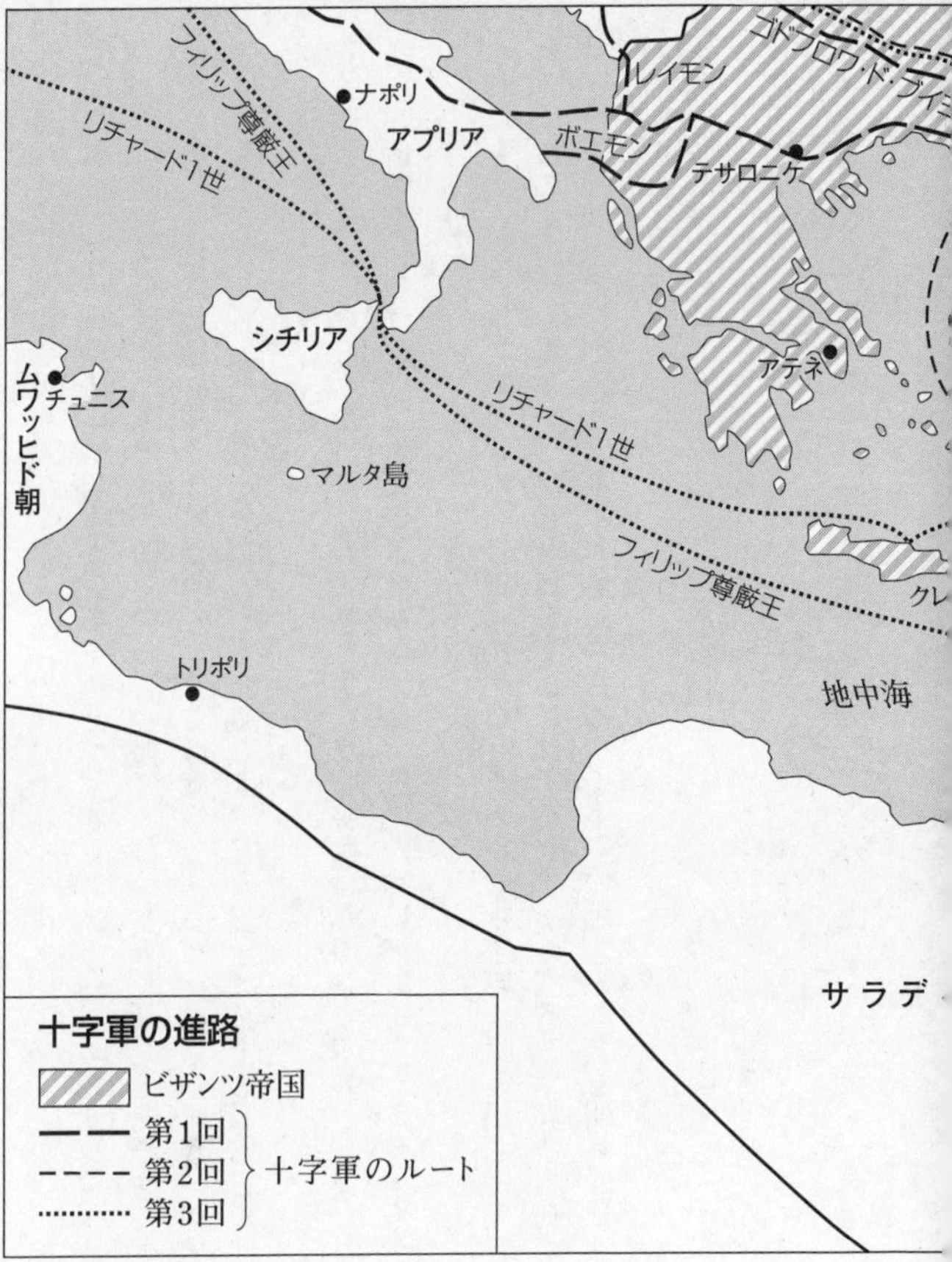

H. G. Koenigsberger
Medieval Europe 400–1500, London and New York, 1987

十字軍はかなり特異な歴史現象である。信じられないほど多数の老若男女が武器を携えて、パレスチナへ、エルサレムへと進んでいった。道中は危険だった。いたるところに盗賊や人攫《さら》いがいた。たとえ無事たどり着いたとしても、目的地はもっと危険だった。そこは戦場である。屍をさらすか、捕虜となる危険は数限りなくあった。留守をしている故郷では、家の安全は必ずしも磐石ではなかった。

資金はどうしたのだろうか。自分の武具と食糧、衣服は自ら用意するのが普通だった。だから、借金をしなければならない者も多かった。そのために、財を失った騎士も少なくない。

それでも、人びとはエルサレムを目指した。なぜなのか。十字軍を生み出し、実行させた熱狂はどこに由来するのか。たしかに十字軍には、それまでの聖戦とは異なる何かがある。それは何か。それを発見することができれば、十字軍の思想の本質も明らかになるのではないか。

本章の目的は、その何かを探ることである。

クレルモン

第一回十字軍が派遣されたのは一〇九六年である。

カール大帝やオットー大帝は、すでに神権的国王・皇帝として聖戦を実行していた。十字軍は、むろん聖戦である。だから十字軍はある意味で、カロリングや神聖ローマ帝国の国王や皇帝の実行した対異教徒戦争の延長線上にある。事実、一〇九五年、フランスのクレルモンで初めて十字軍への呼びかけを行なったウルバヌス二世は、「祖先の行為」にならい、「男らしい偉業をなし、異教徒たちの王国を破壊し、彼らの地に聖なる教会の領土を広げた、シャルルマーニュ帝(カール大帝)、その子ルイ敬虔帝、その他の国王たちの名誉と偉大さ」へと心を向けるように訴えている。

ウルバヌス二世はそのとき、さらにこう語ったという。「わけても、不浄な異教徒たちによって占有されている、われらの救世主の神聖な墳墓、そしていまや屈辱的に取り扱われ、異教徒たちの不潔さによって不敬に汚染されている聖地に心を向けなさい。最も勇敢なる兵士たちよ、無敵の先祖をもつ子孫たちよ、堕落してはなりません。あなたたちの祖先の勇気を想い起こしなさい」と。

見事なプロパガンダである。フランスで行なわれた会議には、当然、多数のフランス人が集まっている。彼らを前にして、カール大帝を始めとする先祖たちの勇気と異教徒討伐の成果をあげるように、奮起を促している。参加者はこの言葉に勇気を与えられたことだろう。

だが、ここで教皇ウルバヌスによって語られている言葉には、実はそれ以上の意味がこめられていた。この新しい意味が、十字軍にそれまでの聖戦とは異なる独自の特質を与えることになった。それは何だろうか。

二つある。一つは、ローマ教皇が「勇敢なる兵士たち」に呼びかけていることである。かつての聖戦は、神権的国王・皇帝が独自の判断で実行した。ローマ教皇は聖戦の圏外にいた。ところがここでは、聖戦を呼びかけているのはローマ教皇である。これは大きな違いである。

もう一つは、十字軍の目的あるいは動機にかかわる。教皇は、「不浄な異教徒たちによって」「汚染されている」聖地の解放を求めている。汚染への嫌悪感がそこには見られる。汚染を嫌悪するなら、それを浄化しなければならない。ここに表現されているのは、キリスト教的浄化思想である。

神権的国王・皇帝観は聖俗混交の世界認識、およびその政治・社会体制と不可分に結びついていた。これを崩して始めて、教皇による聖戦の呼びかけが可能になる。それを実現したのは、前章の末尾で指摘したように、聖職叙任権闘争だった。聖職叙任権闘争は伝統的政治・社会体制に大変革をもたらしたので、教皇革命とも呼ばれる。内容をとって、聖俗分離革命と呼ぶことも可能である。その革命のなかから十字軍が登場する。

この革命の淵源は、キリスト教の浄化を求める教会改革運動にある。教会改革はまた、当時それと並行して行なわれていた神の平和運動と連動していた。この平和思想が、実は十字軍の浄化思想の中核を構成する。

なぜ一一世紀末に十字軍が聖地に派遣されたのか。それはまたどのような性格のもので、それ以前の聖戦とどう違うか。私は、これを明らかにしたいと考えている。そのためには、どうしても「神の平和運動」や「教皇革命」について触れておかなければならない。回りくどいが、その説明をここでしておくことにしたい。

時の流れに即して、まず神の平和運動から始めよう。

祈る人・戦う人・耕す人

神の平和運動とは、一〇世紀末に南フランスで始まった平和を求める運動である。この頃フランスでは、弱体化した王権のもとで各地域の城主・封建領主が自立化し、互いに頻繁に争っていた。その封建領主相互の戦いをフェーデ（私戦）というが、そのフェーデによって教会や農民は大きな被害を受けていた。そこで司教が中心となって、管区の聖俗の人々を集めて集会（平和集会）を開き、神の前で全員に平和を誓わせたのが神の平和である。

その神の平和運動が盛んに行なわれていた頃のことを記した記録の中に、北フランス・カンブレーの教会をめぐる事件を記した『カンブレー教会史』（一〇二四―三六年）という作品がある。それによると、一〇二〇年代の半ば頃に、ソワッソンとボーヴェーの司教がブルゴーニュの急進的な司教たちの意見を採用しようとしていた。ブルゴーニュの司教たちは「すべての人々が誓うことによって、自分たちや他人を束縛し、平和と正義の僕となるべきだ」という決議を作り上げていた。彼らはこの決議を、カンブレー司教ゲラルドゥスにも強いようとした。

保守的な司教ゲラルドゥスは、このような平和集会を有害と考えた。彼は、かの司教たちが王権に属することを求めていると批判した。そもそも聖なる教会は、二つの人格によって統べられねばならない。すなわち王の人格と聖職者の人格である。「聖職者は祈るために、国王は戦うために任命されている。それゆえ、力によって騒擾を抑圧し、戦争を阻止し、平和な交際を広げるのは国王の任務である。祈ることで勝利へと導くように、国王をして祖国の安全のために勇敢に戦わせるのが司教の任務である。それゆえ、この決議は全てのものにとって危険である」と。

ところが、フランスの司教たちはその臣民のために、ある決議を公表した。この世の平和を革新せよという、天からの書簡によるというその内容は次のようなものだった。いかなる者も武器を持ってはならない。掠奪のために攻撃してはならない。自身の血縁もしくは隣人の血縁の復讐者は、殺人者を許すように強制されねばならない。すべての者をして金曜日にはパンと水だけで断食させ、安息日（日曜日）には肉と脂肪を避けしめよ。すべての罪を償うために喜んで断食させよ。それ以上の贖罪は付加されないことを知らしめよ、と。

『カンブレー教会史』はさらにこう続く。

人々は、このような事項を守ることを宣誓によって確認しなければならない。拒絶する者はキリスト教徒であることを剝奪されねばならない。……われわれの司教(ゲラルドゥス)は、この新奇さに驚いて、また罪ある者たちの弱さに腰を低めて、ローマ教皇たちの教勅にしたがった説教の準備をした。彼は、人類がその最初から三つの部分、つまり祈る人、耕す人、戦う人に分けられてきたことを明らかにした。(三・五二)

ゲラルドゥスは、聖職者や民衆が中心となる平和運動とその主張に危惧の念を抱いていた。そのために、彼は三つの身分、つまり聖職者、農民、騎士をあげ、その秩序を確保しようとしたのである。

封建革命

ゲラルドゥスの政策は、盛り上がる平和運動に対する保守的対応である。三つの身分を示し、それぞれがその職分を守るように訴えるのは、たしかに保守的といえよう。彼の主張は、封建的な身分体制をそのまま永続化し、民衆運動にも通じる司教中心の平和運動を封殺しようとしたものである。

しかし、保守的と思えるゲラルドゥスが示した三身分の区分けそのものは、実は決して古くはない。むしろ、それは平和運動、あるいはそれと連動するヨーロッパ世界の構造的変革と結びついていた。三身分の思想そのものは、「新奇」に属することがらだった。

というのも、最近の用語を使うなら、それは「封建革命」の産物だったからである。封建革命とは、フランスの歴史家たちジョルジュ・デュビー、ジャン＝ピエール・ポリー、エリック・ブルナゼルによって示された見解で、英国の歴史学者トマス・ビッソンによって命名されたものである。

デュビーによると、フランスでは一〇世紀前後に王国の秩序が解体し、「城と騎士」を支えとする「新しく、厳しい領主制」が成立する。領主は自由農を隷属化させ、自由農と隷属的保有農の双方に新しい義務を課した。耕すと同時に戦っていた、ゲルマン戦士の流れを汲む自由農は、ここに武装権をもたない隷属民に転化するか、新しい領主に直接仕えて騎士に上昇するか、そのいずれかを選択せざるをえなくなった。ここに成立した新しい領主制を、「バン領主制」という。

一〇二〇年頃に生まれた三身分のパラダイムは、この変化を前提として、戦う者と祈る者に奉仕するために働く者たちの義務を、天与のものと規定することを意味した。ゲラルドゥスは、実は封建革命の担い手の一人だったということになる。

さて、この新しい領主たちは王国の公的秩序を破壊したために、公法と秩序は私戦《フェーデ》と暴力に道を譲ることになった。領主相互の私戦《フェーデ》が渦巻き、平和は危機に瀕した。ここに生まれたのが平和運動である。

国王が平和を維持しえず、領主が互いに争い、弱きものたちに被害を与えているとすれば、弱者への配慮を義務とする聖職者が平和へのイニシアチブをとるのは当然だろう。神は地上の平和を国王に委ねられていた。しかし、その任務が果たされない以上、国王に代わって平和を推進するのは聖職者であると主張されるようになった。

国王が平和を守ることができないので、王に代わって教会がその役割を担おうとした。教会こそ神の直接の僕だから、と考えられたからである。デュビーはいう。

神は塗油された国王を代理人とし、平和と正義を維持する任務を国王に与えられた。国王はもはやそのような能力を失いつつあった。それゆえ、神は、神の命令権を自身の手に戻され、地方の君侯たちの支援とともに、それを彼の奉仕人である司教たちの手に委ねられた。

教会はそう考え始めていた。これは大きな変化だった。なぜなら、教会とくにローマ教皇の自立は、皇帝や国王の神権的支配体制を破壊し、伝統的な聖・俗混交体制から聖・俗分離体制への道をとることを意味したからである。平和運動は教会改革と結びついていた。

神の平和と教会改革

三身分の考え方は、教会改革に通じていた。というのも、祈る人と戦う人の峻別は、国王の神権的性格を否定すると同時に、聖職者の世俗的性格を拒絶することを意味していたからである。ここにあるのは、浄化の思想である。それぞれの身分が、その役割を純粋に貫くべきだという認識が支配的になりつつあった。

この認識をはっきりと示しているのは、一〇五九年四月に各地の司教たちを集めて開催されたラテラーノ教会会議の諸決議である。とくに注目されるのは、「教皇選挙教令」と「聖職売買(シモニア)禁止令」である。教皇選挙教令では皇帝への敬意は語られているが、選挙するのは「司教枢機卿」および「枢機卿聖職者」、「残余の聖職者と信徒たち」であって、皇帝の干渉を排除している。また「聖職売買禁止令」では、シモニアとニコライズム(妻帯、性的放縦)が明確に禁止されている。

それまで、武器の使用も含めて、こういったことはそれほど厳格に考えられてはいなかった。グレゴリウス七世とともに教会改革を推進したイタリアの神学者、聖ペトルス・ダミアーヌスの『幸福なロムアルドスの生涯』(一〇三〇年頃)によると、「シモニアという異端が罪であるということは、ほとんど誰も知らなかった」という。

また、聖職者が公然と結婚し、その子を合法的な相続人とすることも普通のことだった。聖ボニファティウスがローマ教皇ザカリアスに、フランク王国の聖職者が私通していることを嘆いたのに対して、教皇は彼らが重婚の罪を犯すことへの恐れだけを示した。聖職者たるものは、一人の妻のみ持つべきだからだ、と。

狩猟や戦争に興じ、武器を有する聖職者も珍しくはなかった。司教や修道院長およびその配下の者たちは、王国の軍事力を構成した。彼らは戦士を送り出しただけでなく、自らも戦場に出かけ、戦闘に参加した。九、一〇世紀に、フランク王国を南、東、北から襲ったイスラム教徒、マジャール人、ノルマン人に対する戦いで重要な役割を果たしたのは、司教たちだった。

一〇世紀後半から一一世紀初頭にかけて、このような司教や聖職者のあり方に強い疑問が投げかけられるようになった。聖職者が武器を携帯し、妻もしくは妾をもち、聖職売買することは不正だという意識が一般化し始めた。聖職売買には、世俗の権力者から教会や職務を与えられることも含まれていた。

三つの身分という認識が生まれたのも、このことと無縁ではない。聖職者は祈り、騎士は戦う。互いにその職域を純化し、身分的職務に専一することが大切だとされた。その時にのみ、この世に平和が訪れる。神は平和を愛されるが、その平和は汚れのない世界、キリスト教的に浄化された世界でなければならない。人々はそう考え、平和を強く求めた。司教が中心となって、平和のための集会が開催された。聖俗の男女が集まり、神に平和を誓約した。「神の平和」である。神の平和は、浄化されたキリスト教世界をこの世にもたらすことを意味したから、その決議にはしばしば聖職者の武器の放棄、シモニアとニコライズムの禁止が記載された。神の平和は、武器を持たない聖職者、教会、弱きものたちに暴力をふるわない約束を示した。それは、聖職者から武器と世俗性を奪うことと表裏の関係にあった。

教皇革命

浄化の思想は政治・社会体制全体にまで及んだ。平和運動は、聖に聖であることを求めたのだから、俗に対しても俗であるべしとの要求を突きつけることになるのは、理の当然だった。当時の政治・社会体制は、聖俗混交の神権的王国・帝国体制だったから、この要求はフランク王国、いなゲルマンの神の子孫であることを正当性の根拠とした、ゲルマン王国以来の伝統的体制の破壊に通じていた。これは根源的な体制変革であり、言わば革命だった。

この革命の担い手は急進的な聖職者たちだった。教会改革は当初、教皇と皇帝の協力のもとに推進されていた。むしろ、皇帝のほうが積極的だった。だが教会を浄化する思想は、やがて皇帝権力の排除へと向かう。

その動きを最初にはっきりと示したのは、改革派の教皇ニコラウス二世（在位一〇五九―六一年）だった。彼の周りには教会改革の若い指導者たちが集まり、その政治的顧問団を形成した。彼らは、枢機卿に任命された。枢機卿会議が言わば教皇の官房となった。

この官房の中でも、抜きん出て先鋭で指導的な人物がいた。レオ九世に従ってローマに出て教皇政治に関与し続けていた、イタリアのトスカナ出身のヒルデブラントという人物だった。彼こそ、皇帝ハインリヒ四世と熾烈な戦いを行なうことになる、後のグレゴリウス七世である。

ニコラウス二世は、この改革者たちとともに一〇五九年に教会会議を開き、「教皇選挙教令」および「聖職売買禁止令」を決議し、教皇の選挙から皇帝の関与を排除することを定めた。この選挙教令はドイツでは効力を与えられなかった。だが、ローマ教皇がこの教皇令によって、ドイツ国王・神聖ローマ皇帝から自立することを目指したのは明らかである。これは司教の選出にも及んだ。ローマは司教の選出に、国王や皇帝が関与することを否定し始めた。それはシモニアだ、と主張された。

皇帝と教皇との間に緊張関係が生まれた。この緊張関係は、ついに決定的な戦いにまで進んだ。ヒルデブラントが一〇七三年にローマ教皇に選出され、グレゴリウス七世となったからである。

ローマ教皇グレゴリウス七世は、とくにミラノ大司教の選出と任命をめぐって、時の皇帝ハインリヒ四世と厳しく敵対した。ハインリヒ四世はグレゴリウス七世を廃位し、グレゴリウス七世はハインリヒ四世を破門した。ドイツの司教や諸侯たちはハインリヒ四世に従わず、グレゴリウス七世の側につくことを選んだ。これは、歴史上初めてのことだった。ハインリヒ四世はやむを得ず、アペニン山脈北側の、雪のカノッサ城へと向かい、教皇の赦しを求めた。有名な「カノッサの屈辱」である。

このカノッサの屈辱によって、これまでの体制は大きく変わった。神権的国王が世界を支配するという認識、システムが根底から覆った。聖は聖に、俗は俗に帰する体制へと大きく動きはじめた。むろん戦いは、これで終わらない。

グレゴリウス七世も、結局はハインリヒ四世によってローマを追われ、亡命地のサレルノで没している。その後も、二つの権力は争い続けた。しかし聖俗混交の政治・社会システムは、この時から終焉へと向かう。これは根本的な変革、まさに革命だった。

革命の輸出

革命は、フランス革命の場合にもロシア革命の場合にも輸出された。では教皇革命はどうだろうか。むろん、これも輸出された。革命はドイツだけでなくイングランドやフランスに軋轢をもたらし、ヨーロッパ全域を震撼させた。その矛先はヨーロッパにとどまらなかった。教皇革命はパレスチナすら巻き込み、その余波を現代にまで及ぼすことになる。

ローマ教皇は、キリスト教世界の指導権を自己のもとに置こうとした。世界がキリスト教世界であるならば、その支配権は教皇のもとにある。教皇はそう主張した。その論理に従えば、国王や皇帝はそのローマ教会と教皇の守護役人でしかない。聖と俗の分離とは、ローマ教皇にとって、聖が俗を主導することを意味した。したがって、教皇は聖の論理のもとに俗の暴力を利用し、そのことによって自己の指導性、支配力を高めようとした。教皇が求めるかぎりにおいて、その暴力は聖戦だった。

聖戦には、それだけの理由が必要である。キリスト教世界の指導者・支配者であることを主張し始めたローマ教皇にとって、何が最適の対象だろうか。それは、イスラム世界だった。強力な異教徒からキリスト教世界を守ること、異教徒の支配からキリスト教徒を解放すること——ローマ教皇が全キリスト教徒に呼びかけるのに、これほど明快な理由があるだろうか。

事実、イスラム教徒と戦い、エルサレムを解放しようと最初に考えたのは、ウルバヌス二世ではなく、グレゴリウス七世だった。グレゴリウス七世は、「キリスト教世界の頂点」に立つことを望んだ。彼は先鋭な教会改革者として、ローマ教皇こそカトリック教会の創始者、十二使徒のかしらである聖ペトロの首位権にもとづく、全カトリック教会の最高権威であることを強調した。

あのペトルス・ダミアーヌスもまた、こう主張した。「聖なる教会法は、ローマ教会と和合しない者を異端と認識する」。「なぜなら、ローマ教会はキリストその人によって創設された唯一の教会だからである」と。

聖戦の実行とその概念が西洋キリスト教世界の生活にとって自明で不可欠の一部となるのは、イギリスの歴史家ロバート・バートレットがいうように、ローマ教皇が主の剣を語り「神の盾（イージス）」を振りかざした、この頃からだった。

サラセン人

イスラム教徒は必ずしも殲滅《せんめつ》すべき敵ではなかった。イスラム教徒を指すサラセン人という言葉の語源は、一つの解釈として、セムの子孫という意味合いを含んでいた。この言葉には、とりたてて敵対的なニュアンスはない。北のスラブ人異教徒で、ドイツ北部に住んでいたヴェンデ人は、しばしば犬と呼ばれたが、サラセン人にはそのような侮蔑的表現は使われていない。イスラム教徒とキリスト教徒は、それなりに共存していた。

しかしイスラム教徒を不倶戴天の敵とみなす考え方は、次第に強まっていく。おそらく九世紀なかばから、雰囲気が大きく変わる。ローマ教皇ニコラウス一世（在位八五八—八六七年）は、なおサラセン人と同盟を結ぶことを有益であると認めていたが、ヨハンネス八世（在位八七二—八八二年）はこれを神法に反すると主張した。サラセン人との条約は「不敬なものたちとの合意、極悪な者たちとの平和」であり、それは「犯罪」だと。たしかに、キリスト教徒たちが熱烈に求めた神の平和とは違う。

この犯罪的平和は、キリスト教徒たちは平和を求め、「平和、平和、平和」と叫んでいた。だが、その平和は、キリスト教徒たちの間でのみ求められるものだった。平和とはキリストがキリスト教徒に要求したものであり、それを通じて信仰が全うされるというものだった。

平和とは、すなわちキリストだった。だから、異教徒と接触して異教徒との間に平和を求めるのは、断じてキリスト教的ではない。むしろ、それは、穢れをもたらす行為だった。「立ち去れ、立ち去れ、そこを出よ。汚れたものに触れるな」（「イザヤ書」第五二章第一一節）と主張された。

ヨハンネス八世は、「あなたがたは、信仰のない人々と一緒に不釣合いな軛につながれてはなりません」（「コリントの信徒への手紙二」第六章第一四節）というパウロの言葉を解釈して、異教徒との不潔な同盟を結ぶ者は、使徒の訓戒だけでなく、キリストの教えに反していると論じた。異教徒とくにサラセン人は「姦淫の息子たち」であり、「悪魔の身体」、「悪魔の法に従う」者たちである。そのような「悪魔の仲間たち」と条約を取り交わすのは「犯罪」であり、魂の滅亡を意味する。彼らと同盟関係を取り結ぶことは、「汚染された一体」となることにほかならないと。

ヨハンネス八世は、サラセン人との「不敬な同盟」を妨げようとした。ナポリ伯・司教であるアタナシウスがサラセン人と同盟を結んだ際に、彼はこう宣言した。「全キリスト教世界の敵であるサラセン人から完全に身を解き放つまで、余は彼を破門する」。なぜなら、サラセン人はキリスト教徒の敵であり、ナポリ司教は彼らと同盟を結ぶことによって「全キリスト教世界の敵」となったからだ、と。

ここには「全キリスト教世界」という観念がある。この世界は完結していた。同盟や条約によって「汚染されたものに触ってはならない」。接触すると、汚染される。キリスト教世界は異教徒によって汚染されてはならない。教皇はこのような不敬な人種を、「われわれの領土から放逐」するように訴えた。

彼の声は、しかし、ただちにキリスト教世界全域に響き渡ることはなかった。それどころか彼は、同じキリスト教徒によって毒殺されている。イタリアとスペインのキリスト教徒は、サラセン人と条約や同盟を交わしつづけた。

だが事情は、紀元一〇〇〇年頃、つまりミレニアムのあたりから大きく変化しだした。神の平和とともにキリスト教世界の浄化の思想が強まり、ヨハンネス八世の思想がヨーロッパ全域に行き渡りはじめた。教会改革の中心地だったクリュニー（フランス中東部、ブルゴーニュ地方）の修道士たちが、モスクを奪いムーア人を殺すために、ピレネー山脈を越えたのもこの頃のことだった。

一〇八五年には、カスティリア国王アルフォンソ四世によって不可侵特権を与えられていたトレドの最大のモスクが、クリュニー出身の修道士セデリャクのベルナールと彼に随伴した兵士たちによって占拠されるという事件が起きた。彼らは「そこをムハンマドの穢れから浄化し、キリスト教の祭壇をしつらえ、キリスト教徒を信仰へと呼び出すために塔に鐘を供えた」(『イスパニア年代記』第六巻第二四章)。スペインのイスラム教徒を放逐し、キリスト教徒の支配を回復する運動であるレコンキスタは「聖戦」となった。

この動きは、教皇革命によって決定的なものとなった。キリスト教世界の浄化を求める運動が、その勢いで「聖地」の浄化へと向かった。これは、ある意味では必然だった。そこには、強烈な宗教的情念があった。

共存の地エルサレム

浄化への宗教的衝動というものを考えなければ、十字軍がなぜ発生したのか理解するのは難しい。というのも、エルサレムは言わば諸宗教共存の地だったからである。

エルサレムがイスラム教徒の手に落ちたのは六三八年のことである。だがイスラム教徒の支配は、啓典の民であるユダヤ人やキリスト教徒に対して決して迫害的ではなかった。むしろ寛容だったといってよい。エルサレムは分割され、異教徒たちはそれぞれの神聖な地の近くに住むことが許された。キリスト教徒は四分の一を与えられ、キリストの墳墓と聖墳墓教会はその手に残された。巡礼も認められ、多くのキリスト教徒がエルサレムにやってきた。

ギボンも「剣の力で他のすべての宗教を絶滅する義務を課す有害な宗旨はイスラム教徒のものだ」という非難を、「無知と頑迷」にもとづくもので、「コーランの記述とムスリム征服者の実際の歴史、そして彼らによるキリスト教礼拝の公的な法制上の寛容という実績で反駁される」（中野好之訳『ローマ帝国衰亡史9』）と記している。この状態は、基本的には十字軍が派遣された一一世紀後半まで続いたし、その後も二〇世紀に至るまで共存が支配的だった。

たしかにウルバヌス二世はクレルモンでの演説で、「緊急の課題」として、「東方に住んでいる汝らの兄弟を救うために急がねばならない」と聴衆に呼びかけている。トルコ人やペルシア人がいま「キリスト教徒の土地を奪取し、多数の人々を殺害するか捕虜とし、教会を破壊し、神の国を荒らしている」からだ、と。また彼のもとに、東ローマ皇帝アレクシオスが、セルジューク・トルコの攻勢に対して救援を求める使いを出していた。これも確かである。

にもかかわらず、アレクシオスが求めたのはトルコとの戦いを有利にするための援軍、傭兵にすぎず、東方のキリスト教徒の危機を救うためのものではなかった。東方のキリスト教徒は、イスラム教徒の支配のもとで、少数者集団の臣下としてイスラム法の保護のもとに租税を支払い、一定の信仰の自由を享受していた。ファーティマ朝のカリフ、アル・

ハーキム（在位九九六—一〇二一年）の治世を除けば、集団虐殺といったものもなかった。セルジューク・トルコの支配は、それまでの統治に比すると乱暴だったらしい。東のキリスト教徒たちが不安にさらされたことも事実であろう。巡礼も多少困難になっていたかもしれない。ウルバヌス二世がかなり誇大気味に強調したのは、このことだったと思われる。

しかし、これらのことは引き金ではありえても、十字軍を派遣するための十分な条件ではない。東方の「兄弟」が多少苦しんでいたところで、また巡礼が少し難しく危険になったとしても、西のキリスト教徒の多くが自身や親族・郎党の生命や財産、生活をかけてまで、武器をもってパレスチナに出かけるなどということは、およそ期待できないだろう。むしろ、もっと大きな動機となる何かがあったはずである。

それは神の平和運動によって高められた、異教徒との共存に不潔感を覚える、潔癖な浄化思想だった。

「聖地」の浄化

不浄な異教徒たちによって占有されている、われらの救世主の神聖な墳墓、そしていまや屈辱的に取り扱われ、異教徒たちの不潔さによって不敬に汚染されている聖地に心を向けなさい。

これは、この章の最初に紹介した、ウルバヌス二世の十字軍演説中の一節である。ウルバヌスは、思い付きやレトリックでこう語ったわけではない。彼は、それが時代の重要な関心事であり、人々の心を動かすことを知っていた。彼自身、その思いから教会改革に邁進していた。人々もまた、神の平和という思想のもとで、キリスト教世界の浄化、神の期待への応答という意味で平和を語り、平和を誓約していた。

この誓いは、当初は一つの司教区という狭い空間の平和に限定されたが、教会会議や公会議によって、適用される平和空間はキリスト教世界一般へと拡大していった。ローマ教皇が聖俗混交世界の解体の先頭に立ち、浄化への動きを強めたからである。この動きは社会一般にも広まっていた。婚姻についての教会の関与が強まり、一夫一婦制の厳格化や近親相姦の禁止が強化された。浄化への想い、衝動は拡大しつづけた。

その動きは、キリスト教徒の支配地を容易に越えた。異教徒によって汚染されたかつての支配地がその対象となった。その最初の例がスペインである。さらに、人々がスペイン以上に関心を向ける、いや向けねばならない空間がただちに発見された。聖地エルサレムである。エルサレムはイエス・キリストが生まれ暮らした場所、死と再生によって物理的に関与し清められた地である。エルサレムは、それゆえに「聖地」だった。だが、いまはどうか。異教徒が支配し、キリスト教徒を脅かしている。エルサレムは浄化さるべきではないのか。

ウルバヌス二世のクレルモンでの演説には、いくつかのバージョンがある。そのなかの一つ、目撃証言と思われる匿名の年代記をもとにノジャンの修道院長ギベールが記した十字軍史『フランク人による神の御業《みわざ》』（一一〇六―〇九年）には、その浄化思想がはっきりと伝えられている。

そこに登場するウルバヌス二世は、エルサレムを「キリストが生き、受難された土地」、「聖書の証言によって、聖なる」と形容される土地と呼ぶ。この地は、神聖な神の子の血が流された場所である。また、キリストの身体が墓の中に横たわっている場所である。それゆえ、とウルバヌス二世は続ける。

> わが親愛なる兄弟たちよ、もしあなたたちが真にエルサレムの聖性と栄光の創り手に憧れ、キリストがこの世に残された足跡を愛するのであれば、密集して群れをなす異教徒たちによって汚染されている、このまちの聖性と墓の栄光を浄化するために（ut sanctitas civitatis... mundetur）、全力で、またあなたたちを導きあなたたちのために戦う神とともに、尽力しなければならない。（第二巻第二章、傍点引用者）

ここにあるのは共存の思想ではない。異教徒による「汚染」の「浄化」という排斥の思想である。「聖地」エルサレムの聖性を貫くために、汚染された異教徒を「浄化」しなければならないという想念が、ここに見出される。これが「平和」を求める参加者たちの琴線に触れたのは確かだろう。聖地を解放せよというウルバヌス二世の演説を聞いて、人々は「神がそれを望み給う。神がそれを望み給う」と叫んで、熱狂したという。大規模な浄化への呼びかけに、人々の情念が強く反応したのだった。

ジョン・フランスという歴史学者の最近の研究によると、一〇九七年に小アジアのニケーアに集合した人々の数はおよそ六万人で、騎士はそのうち六、七〇〇〇人だった。途中で死亡したり脱落した者たちを計算にいれると、およそ一〇万人ほどの人々がエルサレムを目指したという。

十字軍の主要な基地であるフランス、イタリア、イングランド、ドイツの当時の全人口は、およそ二〇〇〇万人だった。いまこの地域には約二億六四〇〇万人が暮らしている。だから、一一世紀当時と同じ比率で換算して、ほぼ一三二万人の人々がエルサレムを解放するために出かけたことになる。これは、たいへんな数字である。

恐怖と贖罪

もう一つ、つけ加えておきたいことがある。それは、ローマ教皇がいかに「聖地」の「浄化」を目指し、見事な演説をしたとしても、また人々がキリスト教的「平和」を求めたとしても、それだけでは一〇万にも及ぶ人々をエルサレムへと向かわせるには、なお十分ではなかったろうということである。

長距離の旅や戦いの中での死の確率はきわめて高いものだった。捕虜となり、奴隷にされるかもしれなかった。武器の調達も旅の費用もすべて自己負担だった。留守の間に生まれるであろう経済的、法的問題も計り知れない。経済的にはとても割りに合わない話である。それにもかかわらず、多くの男女がエルサレムへと向かった。それはなぜだろうか。「平和」のほかに、あるいはそれと固く結びついた「何か」があるのではないだろうか。

それを探るうえで、やはりギベールの伝える教皇の演説の中に興味深い一節がある。「神は、反キリストの時が近いにもかかわらず、いくつかの東方の諸国で信仰を回復することを切望されている」というものである。

ダニエル書とその解釈者ヒエロニムスによると、反キリストはエルサレムにあって、あたかも神のようにその座を占め、キリストに倒され、ついで最後の審判が下される。それゆえ「反キリスト」は「終わりの時」(「ヨハネの手紙一」)、終末の日の到来を意味した。これに続いて、最後の審判と永遠の救い、「新しいエルサレム」が出現する。

ウルバヌスは巧みだった。彼は演説で、「反キリストの時が近い」と明言した。これは、人々の心に深く響いた。なぜなら〝終末〟が訪れるはずの、キリストの死後千年である一〇三三年がすでに過ぎていたからである。この年から、世界の終末が近いという想いがキリスト教徒たちを強く捉えていた。人類がエルサレムで世界の終末を迎えるとするなら、その地で最後の日を迎えたい、そして新しいエルサレムの民となりたい。人々はそう考えた。人々は群れをなして、エルサレムへの巡礼に向かった。この終末論は、「神の平和」思想と内面的に結びついていた。

終末の日がいつか、占星術や聖書解釈学が必死に計算を続けていた。だがエルサレムへの巡礼は、実は救済にあずかる喜びよりも、むしろ恐怖をバネとしていた。罪あるままに世界の終末を迎えるならば、「火と硫黄の燃える池」で「第二の死」(「ヨハネの黙示録」第二一章第八節)を迎えるに違いない。それを避けるには贖罪が必要と考えられた。贖罪への強い想いが、人々をエルサレムへと向けた。エルサレムへの巡礼は、贖罪の重要な一形態だった。

ウルバヌス二世の十字軍は、この巡礼という贖罪の旅に、さらに大きなものを付加した。参加を誓約することによって与えられる贖罪である。

これは新しい贖罪の形式だった。ギベールは、その革新性を的確に理解していた。いま、聖なる教会を守るために戦うという「敬虔な目的は、およそすべての者たちの心にない」。彼らの心を占めるのは、物の獲得への欲望だけである。だから、神は、互いに殺し合っている騎士や人民が救済を得るために、「聖なる戦い(praelia sancta)」に参加する機会を与えてくれた。

人は、「もはやかつてのように、修道院かその他同様の宗教施設に入ってこの世を全面的に放棄する必要はない。騎士も人民も、慣れ親しんできた自由や道徳のうちに、通常の生活方法によって、神の恩寵を得ることができる」。(第一巻第一章)

「聖戦」という言葉が明記されたのは、文献的にはこれが初めてだった。人は「この世を全面的に放棄した」修道士にならなくても、この「聖戦」に加わることで、「神の恩寵を得ることができる」という考え方はまさに革新的だった。

終末の到来を恐れ、贖罪を果たすことで「新しいエルサレムの民」となることを求めていた人々にとって、これは朗報だった。ウルバヌス二世は、エルサレムを解放するために行軍し、その途上で、あるいは戦闘の最中に死亡するキリスト教徒に「罪の赦免」を与えると約束した。クレルモン教会会議の決議第二条も「エルサレムの神の教会を解放するために出発する者」を「完全な贖罪のための旅に出かける者とみなす」と規定している。ローマ教皇による贖宥の公約だった。罪の帰結に恐れを抱く人々、とりわけ殺傷を生業とする騎士にとって、この聖戦への参加は十分に魅力的だった。

十字軍を織り成すもの——四つの特質

何が人々を十字軍に駆り立てたかは、おおむね理解していただけたことと思う。では多くの聖戦のなかでも、とくにどのような要因が、特定の聖戦を十字軍と規定させるのだろうか。つまり、本来の「制度化された十字軍」を構成する本質的要素は何であろうか。これを確認しなければ、十字軍のイメージがあいまいなものになり、どのような現象に対して十字軍という言葉を用いることができるか不明になってしまう。ここで、それを確定しておこう。

ケンブリッジ大学教授ライリー＝スミスの『十字軍とは何か』によると、まず衣服につける十字架標の携帯である。エルサレムへと向かった一群には当初、はっきりとした名称はなかった。一般的には「ペレグリナチオ」という「巡礼」を意味する言葉が、そのまま用いられていた。

十字架標を身に付けたという意味のクルチェスィグナーチや、「十字架の巡礼」という表現が使われる事例も見られた。しかし、ローマ教皇庁の正式文書でも、十字軍を思わせる言葉はなかなか現れず、イタリア・ラテン語の「クルチアータ」という言葉がようやく一三〇〇年頃から使われだしたにすぎない。

おそらく、動詞で「十字形に交差する」を意味する「クルワゼ」が使われ、「クロゼア」とか「クロザダ」「クルザダ」という形で十字軍を表現するようになったのは、とくにアルビ十字軍が派遣された南フランスが最初だろう。これは一三世紀の初頭から後半にかけてのことといわれる。

現在の用語である「クルワザド」について見ると、一五一七年に国王フランソワ一世が使っているのが目に付く程度である。トルコへの遠征軍を企画したカルヴァン派の将軍フランソワ・ド・ラ・ヌーが、その一五八七年に同一の表現を使っているので、この頃から、十字軍（クルワザド）という言葉がフランスで一般化していったのであろう。

イギリスでは一六世紀から一八世紀にかけて、このフランス語がよく使われている。英語の「クルセイド」は一八世紀になって、哲学者デーヴィッド・ヒュームや歴史学者エドワード・ギボンが使いはじめたことから一般化していったようである。いずれにしても、参加者たちが十字の印を身に付けたことから、十字軍という名称が使われるようになったのは確かである。

十字架の印を携帯したのは、ウルバヌスが呼びかけた時からすでに始まっている。ランスのロベールの『エルサレム年代記』が伝えるクレルモン演説で、ウルバヌスは最後にこう呼びかけている。

それゆえ、聖なる巡礼へと向かうことを決断し、そのために神に対する誓約をしようとする者、また神に受け入れられる犠牲、神聖な生きた犠牲として、自身を神にささげようとする者はみな、その額または胸に主の十字架の印を付けねばならない。真にその誓約を果たして帰還しようとする者は、両腕の間の背中に十字架を置くことが許される。まさに、そのような者は、この二重の行為によって、主が福音で命じられる次のような戒律を果たす者であろう。「十字架を取ろうとしない者、私に続こうとしない者は私に相応しくない」。

むろん、十字架標の携帯は外形的な基準にすぎない。十字軍と一括するのに必要な、より本質的な要素はほかにある。それは、十字架をつけることを許す者は誰か、どのような効果がそれに伴うか、ということである。

十字架の印をまとって戦うことを許すのは、キリストの代理人としてのローマ教皇、あるいは教皇によって許された聖職者だけである。これは、カール大帝やオットー大帝が実行した聖戦と根本的に異なる点である。聖俗分離の教皇革命がもたらした形態で、すぐれて西洋中世史的現象である。

もう一つ重要なのは、参加者に贖宥が与えられることである。十字軍参加者が贖罪を期待して参加するのに対して、教皇が罪の赦免である贖宥を与えること、言い換えると贖宥を梃子《てこ》にして聖戦に参加することを求めたこと、これが十字軍に不可欠の特質である。

これにさらに付加すると、十字軍に参加することを誓約した者に対して、いくつかの特権が与えられたことも忘れることはできない。多くの特権があるが、一般的には残された家族の保護、財産や借金への保護などがあげられる。

この四つは、要約すると①十字架の印の携帯、②教皇による呼びかけとそれへの応答、

③贖宥の享受、④特権の享受ということになる。

エルサレムでの虐殺

こうして、人々は十字を携帯してエルサレムへと向かった。聖地解放のために、また自己の贖罪と贖宥のために、彼らは戦った。それが神の御心にかなう以上、殺戮もまた許される。それどころか、それは聖地浄化のために望まれる行為ですらあった。エルサレム占領の際に繰り広げられた凄惨な行為もまた、そこに起因した。

シャルトルの司祭フーシェの『エルサレム年代記　フランク人のエルサレム遠征記』には、エルサレム入城（一〇九九年七月一五日）の日のありさまがこう描きだされている。

「フランク人たちは、トランペットとともに歌い、喧騒のうちに「神よ、ご加護を！」と叫びつつ、勇敢に市内に突入した。城壁のてっぺんに、まっすぐに旗を立てた。異教徒たちはみな恐れおののき、勇気を捨て、四方八方の小路へと逃げ込んでいった」。それから、市内では殺戮が始まった。

サラセン人たちは、ソロモン神殿の屋上によじ登っていったが、多数の者たちは矢で射殺され、屋根からまっさかさまに落ちていった。この寺院のなかで一万人が打ち首にされた。もしあなたがそこにいたならば、あなたの足は、死者の血で足首まで血に染まったことであろう。……一人のサラセン人も生きることを許されなかった。女も子どもも救われなかった。(『年代記』第一巻第二八章)

フーシェはさらに、大虐殺の後に十字軍がエルサレム市民の家に入り、発見したものをすべて捕獲したことを伝えている。「それは組織的に行なわれたので、最初に家に入った者は富者であれ貧者であれ、他のいかなる者によってもいかなる仕方においても、妨げられなかった」。

それから、彼らは聖墳墓教会に向かう。フーシェは感動とともにこう伝えている。「キリストが生まれ、死に、再生したのはここである。かつてこの地は、長期間にわたって異教徒の迷信によって汚染されてきた。この地は、異教徒の伝染病から浄化された。聖墳墓教会は、キリストの存在を信じ、キリストを信仰する者たちによって以前の地位に復興された」。(第一巻第二九章)

聖地と聖墳墓教会の浄化がほめ称えられている。エルサレムでの虐殺もその一環だった。フーシェはローマ教皇の側から、「浄化」を正当とみなす立場から記述を行なっている。彼の残した記録には誇張も多い。すべての者が、女も子どももすべて殺されたという。しかし、それは怪しい。戦闘員以外の者も数多く殺されたのは間違いないとしても、女や子どもの多くは捕虜となり、奴隷とされた可能性が高い。金銭によってサラセン側から身請けされる例も少なくなかったはずである。それが当時の慣行だった。それを推測させる記録もいくつかある。

しかしいくつかの年代記は、フーシェと同様に、徹底した殺戮と掠奪の様を描いている。これも一つの事実である。それは、十字軍の正当性と成功の明確な表現だった。『旧約聖書』に見られるような神の厳しい加罰に呼応する姿を描くことが、十字軍の正しさを証明すると考えられていた。女も子どももすべて殺すのは、神の命令に忠実なことの証明だった。

これは、今日のわれわれから見ると明らかに倒錯している。だが異教徒を無慈悲に殺すことが、神の勝利と栄光を称えるものだという前提があるとすると、このようなレトリックは少しも奇妙ではない。人々をはるかかなたのパレスチナにまで突き動かしたのも、そのような強い信仰と情熱だった。それは、聖地での現実の行動にも強く影響したに違いない。虐殺の記述は全面的には信じられない。だが、それに近いものはあったと考えることは可能である。

クレルモンの教会会議で、ウルバヌス二世が行なったエルサレム解放の演説に対して、聴衆は「神がそれを望み給う！　神がそれを望み給う！」と叫んだという。これを伝えているロベールによると、教皇はこの叫びを聞いて神に感謝の意を表し、聴衆に静寂を求めてこう続けたという。

もし主である神があなたたちの心のなかにいらっしゃらなければ、あなたたちのすべてが同じ叫びを発することはなかったことでしょう。なぜなら、叫びが多数の口から出たとしても、その源は一つだったからです。……この叫びを戦闘でのあなたたちの戦争の叫びとしてください。なぜなら、この言葉は、神によってあなたたちに与えられたからです。武器による攻撃が敵に対してなされる時には、神の全戦士よ、この一つの叫びをあげられよ。神がそれを望み給う！ 神がそれを望み給う！ と。（『エルサレム年代記』）

第三章

十字軍、北へ

新しいマカバイ

ヴェルナー・パイナー作〝マリエンブルクの攻防〟
(William Urban, "*The Teutonic Knights*", Greenhill Books)

最盛期のドイツ騎士修道会国家（1407年）

Desmond Seward

The Monks of War, Penguin Books, 1995

十字軍といっても、実はさまざまな十字軍がある。それはパレスチナ以外にも送られている。もちろん、そのさまざまな十字軍は、前章で説明した十字軍の基本的構成要素を備えている。したがって、地域の点を除けば、それらを十字軍と呼ぶことになんの問題もない。

本章では、そのさまざまな十字軍に注目したい。というのも、もし十字軍がパレスチナだけに限定されていたならば、「十字軍の思想」が後の時代、他の地域に影響を及ぼすことはほとんどなかったかもしれないからである。

パレスチナ以外の十字軍は、異端の討伐や異教徒の征服を実行した。エルサレムは、たしかに、かつてキリスト教徒が支配していた地域である。イスパニアも同様である。だが、たとえば一二世紀半ばに始まる北海、バルト海域の異教徒への十字軍、包括的にいえば「北の十字軍」は、それとは質を異にした。その地域には、昔から異教の異民族が住みつづけていた。その地域に送られた十字軍が行なったのは、防衛でも回復でもなく、征服だった。

そこには新しい論理と倫理があった。その新しい論理と倫理が非キリスト教世界への侵攻を可能とした。フロンティアが次々に拡大し、ヨーロッパは自らを形成しつづけた。

次に、その過程と論理を追うことにする。

十字軍はいつ存在したか

キリスト教徒はエルサレムとパレスチナの一部を占領し、王国を建設することに成功した。ところが、この王国は長くは続かず、次々と陥落していった。エルサレム王国がサラディンによって倒され、聖地が再びイスラム教徒の支配下におかれるようになったのは一一八七年のことだった。

しかしその後、一二二九年に、神聖ローマ皇帝フリードリヒ二世がエルサレムを再び獲得した。その支配は一二四四年まで続く。一二四四年の後、エルサレムを再度奪還するために、フランス国王・聖《サン》ルイ（ルイ九世）が、二度にわたって、パレスチナを目指した。だが、国王は一二七〇年にチュニジアで病没した。パレスチナに向かう十字軍は、このルイ九世の十字軍をもって終わる。

十字軍は、一〇九六年の第一回十字軍から一二七〇年の十字軍にいたるまで、七回派遣された。これは、高校の世界史の記述にも出てくる常識的記録である。回数や年数について意見の違いはあるが、七回というのは妥当なところだろう。では十字軍は、この七回しかなかったのだろうか。十字軍はこれで終わったのだろうか。

そうではない。十字軍、少なくともそう呼ばれるものは、もっと長期にわたって、多数存在する。

関係年表

1074	ビザンツ皇帝、教皇グレゴリウス７世に支援要請
1084	アンティオキア、セルジューク・トルコに奪取さる
1095（11・18）	ウルバヌス二世、クレルモンで教会会議を開催
1095（11・27）	ウルバヌス二世、十字軍を呼びかける
1096	第一回十字軍（―1099）　諸侯たちが参加
1099（７・15）	十字軍、エルサレム占領
1100（12・25）	ボードワン一世、エルサレム王となる
1113	聖ヨハネ病院の認可
1120	テンプル騎士修道会設立
1147	第二回十字軍（―1149）　独王コンラート三世などが参加
1187	サラディン、エルサレム奪還
1189	第三回十字軍（―1192）　英王リチャード一世などが参加
1198	ドイツ騎士修道会の設立
1202	第四回十字軍（―1204）　コンスタンティノープル征服
1215	第四回ラテラーノ公会議
1217	第五回十字軍（―1221又は1229）　皇帝フリードリヒ二世が参加
1229	フリードリヒ二世、エルサレム回復
1244	エルサレム陥落
1248	第六回十字軍（―1254）　仏王聖ルイが参加。エジプトへ
1270	第七回十字軍　仏王聖ルイが参加。チュニスへ
1274	第二回リヨン公会議
1291	アッコン陥落

少し極端な例をあげてみよう。一六世紀末に起きた事件で、イングランドのエリザベス一世がカトリック教徒の元スコットランド女王メアリー・スチュアートを処刑した時の話である。この出来事に怒りを覚えたローマ教皇シクストス五世は、エリザベス女王の破門を更新し、スペイン国王フェリペ二世を慫慂《しょうよう》して、信仰の敵であるイングランドを倒そうとした。

そのために、教皇はスペインのアルマダ（無敵艦隊）を十字軍とみなし、それに多大な援助金を与えた。アルマダの兵士と船員は十字軍の贖宥状を与えられ、艦隊はその出航前に伝統的な十字軍の儀式を敢行した。これを「反宗教改革十字軍」と呼ぶ歴史家もいる。アルマダは、たしかにイングランドへの十字軍という側面をもっていた。

また、異端を攻撃した十字軍もある。有名なものとしては、一三世紀初頭、南フランスに派遣されたアルビ十字軍がある。これは、インノケンティウス三世（在位一一九八－一二一六年）が一二〇八年に宣言したもので、フランス南部のカタリ派と呼ばれる異端に対して、フランス国王フィリップ二世に討伐の軍隊を送らせたものである。

日本でも、森島恒雄氏の『魔女狩り』（岩波新書）がこれに言及している。それによると、「第四回十字軍でコンスタンチノポリスを征服して帰ってきたばかりのシモン・ド・モンフォールを総司令官として、アルビ十字軍は南フランスに進撃した。カルカソンヌ、ベジエ、トゥールーズその他の町が次々に陥落した。大量虐殺がいたるところで行われた。

人口三万のベジエでは二万人の老幼男女が殺されたという」。（第二章）
ローマ教皇は、この行為を祝しこそすれ、いっさい非難しなかった。

フリードリヒ二世への十字軍

異端への十字軍はまだ分からなくはない。だが、エリザベス一世への十字軍と同様に、今日では奇妙としか思えない十字軍が他にもある。

たとえば、神聖ローマ皇帝フリードリヒ二世への十字軍はどうであろうか。この十字軍は一二三九年、一二四〇年、一二四四年、一二四八年に発動されている。フリードリヒ二世は第五回十字軍で、破門の処罰を受けながらエルサレムに向かい、無血で聖地を取り返した英傑である。これは、どう考えても不思議である。しかしローマ教皇が、シチリアを根拠地としイタリアに勢力を張ったフリードリヒ二世に敵対し、これを倒すために十字軍を宣言したのは事実である。

フリードリヒ二世を破門し、十字軍を宣告したのは、グレゴリウス九世（在位一二二七―四一年）とインノケンティウス四世（在位一二四三―五四年）だった。

インノケンティウス四世はフリードリヒ二世の死後も、その後継者に対して十字軍を送っている。このローマ教皇は、実は異教徒の権利を承認し、異教徒との融和策をとったことで有名な人物である。しかし、同時に異端審問を強化し、教勅「根絶さるべし（アドイクスティルパンダ)」(一二五二年)で、審問に拷問を用いることをはじめて許可したことでもよく知られている。したがって、話は実に複雑である。だが、とにかくこの時、インノケンティウス四世は次のような宣告文を発している。

人的に、あるいは経費を供出することによって、この任務に着手する者たちすべてに、また人的には参加し得ないが、その財産と身分にしたがって適当な戦士を送る者たちに、さらにまた他人の費用でこの重荷を人的に引き受ける者たちに、余は贖宥を与える。余はまた、これらの者たちに、聖地を助けるために公会議で認められた特権と不可侵権が与えられるよう強く望むものである。

ローマ教皇が呼びかけ、贖宥と特権を参加者に与えることを約束している。これは、明らかに十字軍である。しかも、インノケンティウス四世は執拗だった。インノケンティウス四世は、フリードリヒ二世の後継者であるコンラート四世に対しても直ちに十字軍を宣告した。それどころか、コンラート四世の夭逝後も、フリードリヒ二世の血を引くマンフレートに対して、聖ルイの弟であるシャルル・ダンジューを十字軍として送り込んだ。シャルルは、マンフレートを戦死させた。さらに、シャルルは一二六八年、イタリアに侵攻した、コンラート四世の子コンラーディンを破り、殺害した。この死によって、神聖ローマ帝国の最盛期を支配したシュタウフェン朝の血統が途絶えた。

モンゴル十字軍

一方、このインノケンティウス四世が、イスラム教徒以外の異教徒に対して宣告した十字軍もある。モンゴル十字軍である。蒙古・モンゴルがヨーロッパにまで遠征して、「地獄の住人」と恐れられたのは、フリードリヒ二世とインノケンティウス四世の時代であった。

モンゴル人は、ヨーロッパではタルタル人と呼ばれた。これは、地獄を意味するタルタロスに由来するという。一二四一年にはあの有名なリーグニッツの戦い（ワールシュタットの戦い）で、二万ないし三万人からなるシュレージェン公およびドイツ騎士修道会軍とポーランド連合軍が、モンゴル軍に敗北している。

当時の教皇グレゴリウス九世は、このモンゴル軍に対抗するために、一二四一年六月に十字軍を宣告した。しかしフリードリヒ二世との対立のために、ヨーロッパ連合軍の結成は不可能だった。ヨーロッパは危機に瀕した。だが幸運なことに、モンゴルのオゴデイ・カンが一二四一年一二月に亡くなり、その後継者選出のために総司令官のバトゥが攻撃中のハンガリーを引き上げた。ヨーロッパはすんでのところで救われた。

インノケンティウス四世は一二四三年に着任するとただちに、モンゴルの侵略からハンガリーを守るための十字軍を起こした。しかし、その一方で一二四五年には、フランシスコ修道会の修道士プラノ゠カルピニのジョン（ジョヴァンニ）を使節として送った。カンに対してキリスト教への改宗を求め、キリスト教徒への攻撃とその殺戮をやめるように訴えた。むろん、失敗に終わる。

使節は失敗したが、プラノ゠カルピニによって貴重な旅行記が記された。同じ頃、第六回、第七回十字軍の主役、フランス国王聖ルイ（ルイ九世）が、モンゴルに使者を派遣している。この使者の名はルブルクのウィリアムという。ルブルクもフランシスコ会の修道士で、手記を残している。二つの旅行記はともに翻訳されている。

その邦訳には、グユク・カンが出した教皇への書簡も含まれている。それを読むと、カンは、教皇によって要請されたキリスト教への改宗を一蹴している。またポーランド人、モラヴィア人、ハンガリー人の大量殺戮について、彼らは「神の言葉、チンギス・カンおよびカンの命に従わ」ないだけでなく、カンの「使節」を殺害したと答えている。

そもそもキリスト教徒は、「キリスト信者たるを信じて爾余の民を軽侮」している。しかし、現実はどうか。東が西を破滅させているではないか。「されば」、と書簡はいう。「汝もし和平を容認し、すすみて汝が諸堡塁を余らに渡さんと欲せば、汝教皇・キリスト信者なる諸侯が輩、遅滞なく余がもとに来りて和平を結ぶべし」（カルピニ／ルブルク、護雅夫訳『中央アジア・蒙古旅行記』成美堂出版）と。

カンの書簡はこう終わっている。もしそうしなければ、その「惹起すべき事態につきては余らが知るところにはあらず、ただ神のみぞこれを知ろしめす」。この書簡がローマ教皇のもとに届いたのは一二四七年だった。インノケンティウス四世は一二四九年、改めてモンゴルへの十字軍を宣言した。

伝統主義と複数主義

ほかにも実例はいくつもある。だが、もうこれくらいにしよう。要するに、十字軍はいろいろな相手、いろいろな時期に宣言され、派遣されている。十字軍の歴史研究は、この事実を重く見るか軽く見るかで、大きく二派に分かれる。

一つは軽視派で、十字軍をあくまで聖地エルサレムとその周辺であるパレスチナに派遣されたものに限定する。その他の十字軍は枝葉で、十字軍本来のあり方を逸脱した変形物にすぎない。このような立場を伝統主義という。この伝統主義に立脚すると、回数の付される、言わば「ナンバー十字軍」だけが本来の十字軍である。

これに対して、さまざまな形で実行された各地での十字軍を、パレスチナに派遣された十字軍と同一のレヴェルで捉えようとする立場がある。これは修正主義または複数主義と呼ばれる。ライリー＝スミスと同じ立場に立つノーマン・ハウスリーによると、複数主義学派の定義する「十字軍」とは、「教皇がその贖宥と特権を公表し呼びかけ、十字をまといその誓約を満たす男たちを戦闘員とする、ローマ教皇によって宣言または支援される戦争」のことである。「聖地」は不可欠の要件ではない。

私自身は、複数主義の立場に与している。ナンバー十字軍であるパレスチナ十字軍の重要性は認めるが、十字軍をそこに限定する必要はない。すでに紹介した事例のほかにも、贖宥を伴う十字を付したキリスト教徒戦士団の活動は、さまざまな形で展開されている。

このさまざまな形は、大きく二つに分けることができる。一つはキリスト教世界内部への十字軍で、もう一つは外部に対するものである。

内部に対する十字軍は、カタリ派やフス派あるいはルター派に対する異端への十字軍と、フリードリヒ二世やエリザベス女王に対する政治的十字軍あるいはアヴィニョン教皇庁を脅かした強盗団に対する警察的十字軍がある。

これに対して外部への十字軍とは、モンゴル軍に対する防衛的十字軍、パレスチナ十字軍やスペインへの十字軍のような回復的十字軍、そしてバルト海域の異教徒に対する征服的十字軍、その中間にある、ギリシア正教会という分裂主義者に対する統合のための十字軍などである。

この内と外への十字軍を貫くのは、形式的には教皇の呼びかけとキリスト教徒たちの誓約による志願、教皇の贖罪・特権の約束、十字の携帯である。内面的には、神のための浄化衝動が必要だろう。純粋なキリスト教世界を武力によって内的に固め、外的に拡大するというのが十字軍である。物質的動機は軽視できないが、二次的である。

回復から征服へ

伝統主義者の理解では、十字軍はあくまで聖地の回復運動である。エルサレムは、かつてキリスト教国である東ローマ帝国に属していた。イスラム教徒がこれを奪い支配したのが七世紀前半のことである。したがって、これはキリスト教徒の側からみると、防衛戦争といっても決して間違いではない。

同じことは、スペインについてもいえる。レコンキスタ（国土回復運動）は、イスラム教徒によって奪われたイスパニアの地をキリスト教徒が奪い返す運動だった。だから、これも防衛戦争である。

実はローマ教皇が「罪の赦免」を与えたのは、スペインでの「レコンキスタ」に対するのが最初で（アレクサンドル二世、一〇六四年）、その成功に気をよくして本格的に贖宥を強調したのがウルバヌス二世の第一回十字軍だった。

ウルバヌス二世はその時、こう約束したといわれる。「かの地に向かうすべての者たちがもし陸か海で、あるいは異教徒と戦うなかで、この世での生を終えるならば、彼らに対して罪の赦免（remissio peccatorum）が与えられるであろう。余は、神からその権限を授けられたので、かの地に向かう者たちに罪の赦免を与える」と。

この時、ウルバヌス二世はスペインのタラゴナへと兵を向けることを求め、同じように「罪の赦免」を与えている。また、同じくスペインへと十字軍を派遣したカリクストス二世（在位一一一九—二四年）も「余は、この遠征で断固として戦うすべての者に、余が東方教会の防衛のために与えているのと同一の罪の赦免を認める」と宣言して、贖宥を与えている。

ところが、スペインやエルサレムへと派遣された十字軍とは異質の、新しい十字軍がある。それはまた、キリスト教世界内部へと向けられた十字軍とも性格を異にしていた。そのふたつの種類の十字軍は、いずれもキリスト教徒が支配しているか、支配していた地域のキリスト教的浄化を求める戦いだった。しかし新しい十字軍は、もともとキリスト教とはまったく無縁の地に住みつづけている、異教の先住民に向けられたものだった。

異教の先住民とは、ヴェンデ人（西スラブ人）、プロイセン人、バルト地方のラトビア人、エストニア人、リトアニア人であり、またノブゴロド人（ロシア人）のことである。この北の異教徒たちに対する十字軍は、「北の十字軍」と総称される。

「北の十字軍」——聖ベルナール

「北の十字軍」の歴史的意義は、十字軍を防衛や回復ではなく、それを超えて、異教徒や分裂主義者に対する「征服」へと拡大したことにある。防衛や回復にとどまる限り、十字軍がどれほど力強く執拗に送りこまれたとしても、派遣される地域は限定される。必然的に、十字軍は限定的な性格をもつものにすぎなくなる。ナンバー十字軍である限り、十字軍はヨーロッパとイスラムの関係のなかでしか意味をもたなかったことだろう。

ところが「北の十字軍」は、現実的にも思想的にもその境界を超えてしまう。とくに注意しなければならないのは、思想的にパレスチナ十字軍の限界を超えてしまったことである。地理的限界をもたない「十字軍の思想」は、その時から「ヨーロッパの拡大」と歩をそろえて進むことになる。

この関連でとくに重要なのは、クレルヴォーの修道院長、聖ベルナール（一〇九〇―一一五三年）である。彼は、ダンテの『神曲』にも登場する著名人で、天堂篇つまり天国でも最高の「第十天」、「神と天使たちと聖徒たち」に属し、『神曲』の最後を飾る。聖ベルナールは、ヨーロッパではそれほど高く評価される修道士で、時に「第十三の使徒」と呼ばれる。

聖ベルナールは多くの作品を書き、「蜜の流れる博士」と称えられた。とりわけ彼の名を高めたのは、パリ大学神学教授アベラール（一〇七九―一一四二年）との論争だった。ベルナールはアベラールを厳しく批判し、一一四〇年にサンス会議に彼を提訴し、公開討論を行なった。その結果、会議はアベラールの異端を宣告した。アベラールはクリュニー修道院に退き、そこで没する。

その後、一一四五年に、ベルナールの弟子の一人がローマ教皇エウゲニウス三世（在位一一四五―五三年）となった。ローマへの影響力をもったことで、ベルナールの威信はいっそう増した。彼はエウゲニウス三世とともに、第二回十字軍（一一四七―四九年）の立役者となる。

ベルナールは、パレスチナにできた戦う騎士修道会の生みの親だった。最初に設定されたテンプル騎士修道会のために会則、さらに『新しい騎士たちを称えて』（一一三〇年）を書き、騎士修道士の存在を肯定した。彼はキリスト教徒の騎士たちが互いに殺し合うことを厳しく否定したが、キリスト教のために戦う騎士修道士は、人を殺しても罪にはならないと断言した。

彼によれば、騎士修道士は「人間に対する戦いと天上にいる悪の霊に対する戦いの二重の戦いを休むことなく行なう」点で、まったく「新しい種類の騎士たち」だった。彼らが行なう「主のための戦い」は、「罪を犯す」恐れがない。なぜなら「キリストのために殺すか、死ぬことは罪ではなく、最も名誉あること」だからである。

もし新しい騎士が悪人を殺しても、それは殺人ではない。あえていえば、「悪殺」である。それゆえ、騎士修道士が与える死はキリストの利益であり、異教徒の死はキリスト者の名誉である。なぜなら、それはキリストの栄光を称えるものだからである。

人を殺すことは、本来、キリスト教においては罪ある行為だった。罪を犯し、贖罪することなく死ねば、地獄に行かねばならない。中世人にとって、これは恐怖だった。人を殺すことを生業とする騎士にとって、その危険性はきわめて大きい。十字軍は贖罪の機会を提供してくれた。しかもベルナールは、異教徒を殺すことを称賛すらした。それはキリストの栄光を称えるものだという。これは、騎士にとって魅力的だった。

ヴェンデ十字軍

ベルナールは「新しい騎士」に対して、異教徒の殺害を積極的に肯定した。それは無条件に価値ある行為となった。十字軍は、拡大への気運を与えられた。

この気運は、そのベルナールとエウゲニウス三世のもとで実現する。ベルナールは第二回十字軍への参加を呼びかけるために、ドイツを訪問した。彼はクリスマスの日のシュパイアー王国会議で得意の弁舌を揮い、参加を渋っていたドイツ国王コンラート三世を十字軍に参画させることに成功する。

だが、ザクセン大公ハインリヒ獅子公を始めとする北ドイツの諸侯、貴族たちは、なおためらっていた。かれらは、すぐ北にヴェンデ人という異教徒がいるのだから、彼らを攻撃したいと主張した。ヴェンデ人の支配地はキリスト教とは歴史的には無縁だった。そこを攻撃することは、聖地の回復でもキリスト教の回復でもなかった。これは征服だった。

ベルナールはエウゲニウスと相談して、一一四七年三月のフランクフルト帝国会議でヴェンデ人のもとにも十字軍を派遣することを認めた。この会議の様子を記したボーザウの司祭ヘルモルトの『スラブ人年代記』によると、ドイツ国王のほかにフランス国王も含めて、巨大な軍勢が集結した。

この巨大さは「歴史始まって以来のこと」だった。戦士たちは「その衣服と武器に十字の印をつけて参加した」。「しかしながら」、とヘルモルトは書いている。「遠征の発起人たちは、この軍隊の一部を東方に、他の部分をスペインに、第三の部分を我々に隣接して暮らしているスラブ人に対して向けようと考えていた」。

この「スラブ人」とは、むろんヴェンデ人のことである。ベルナールと教皇はこれを認めた。この時から、十字軍はその性格を大きく変えることになる。十字軍は、回復だけではなく、また「征服」のための聖戦となった。

エウゲニウス三世は、「前述のエルサレムの十字を受けず、スラブ人へと向かうことを決定し、その遠征に留まっているすべての者たちに対して、余は、余の先任者である教皇、故ウルバヌスがエルサレムに向かう人々のために定められた罪の赦免を……与える」(一一四七年四月)と教勅で明記して、ヴェンデ十字軍を公認した。そのうえ、教皇はその教勅で異教徒との妥協を厳しく排斥し、「異教徒から金銭もしくはその他の贖いを受け取り、彼らが異教のうちに留まることを許してはならない」と命じた。

これは伝道戦争だった。そして、浄化のための戦いだった。むろん、実際には容易にこれは実現しないから、ヴェンデ十字軍もいったんは妥協のうちに終結した。だが、ひとたび燃え上がったキリスト教的・攻撃的聖戦の炎は、やがてバルト海海域の異教地域全域を覆い尽くすことになる。

北の異民族

ヴェンデ人はその後、デンマーク人やドイツ人による征服と植民活動によって、消滅していった。残ったのはそのごく一部で、ドイツのラウジッツ地方に、ソルブ人として独自の言語ソルブ語とともに住みつづけることができたにすぎない。ナチスの時代にはソルブ語による出版が禁止され、民族同化が求められた。しかし、それでもソルブ人は生き残り、今日にいたっている。人口は現在約六万人だという。

そのほかにも、多数の異教徒がこの地域に住んでいた。一三世紀末に記された『リヴォニア韻文年代記』によると、バルト海沿岸地帯には「キリスト教徒を圧迫してきた多くの異教徒たち」が住んでいた。リトアニア人は「傲慢で、その軍隊は純粋なキリスト教に多くの害を与えている」。その周辺にも「異教徒たち」がいる。セミガリア人、セロニア人、レット人である。

この「異教徒」たちは異様な慣習をもっていた。彼らは一緒に住んでいるが、森の中で別々に耕している。女性は美しく、エキゾチックな衣装を着ている。「海岸線にそって」

クール人がいた。「彼らの意志に反してこの地にくるキリスト教徒は、すべて生命と財産を失うであろう」。このクール人の隣人はオーセル人で、「邪悪な異教徒」である。「彼らは海に囲まれ、強い軍隊を決して恐れない。海を渡ることのできる夏になると、彼らは回りの土地を襲う。彼らはキリスト教徒も異教徒もともに襲う」。

さらに、エストニア人がいた。彼らも異教徒である。「その土地はたいへん広く、記述できないほどである。エストニア人は非常に強い男たちをもち、非常に多くの地域を有している」。最後に、リヴォニア人である。彼らもまた異教徒である。しかし、「神がまもなく彼らを異教から連れ出すのを見るであろう」。

古プロイセン人については触れられていないが、現在のバルト三国の近隣に住んでいた異教徒たちのことが、これでほぼ網羅されている。リヴォニアとは、現在のラトビアとエストニアの一部からなる地域である。

リヴォニア・エストニア十字軍

リトアニアを除いて、ここに記されている先住の異教徒たちは、次々と倒されていった。その中心的担い手となったのは、リーガに建設された教会を根拠地とした、リーガ司教アルベルト（一一六五―一二二九年）と刀剣騎士修道会である。

刀剣騎士修道会はベルナールの理念を体現した騎士修道士の団体で、言わば常備十字軍である。これと、リーガ司教がドイツから勧誘してきた十字軍兵士とリーガ市民が中心となって、バルト海沿岸のリヴォニアとエストニアを征服、キリスト教化する作業を推進した。そのそれぞれをリヴォニア十字軍、エストニア十字軍という。まとめてバルト十字軍と呼ぶこともある。

この過程については、別の機会に論じた（拙著『北の十字軍』講談社）ことがあるので、ここではこれ以上触れない。エストニアとリヴォニアへの十字軍が、ローマ教皇によって「罪の赦免」とともに推進されたということを示す資料と典型的な戦闘の様子を、それぞれ一つだけ紹介しておくにとどめよう。

最初の一つは、一一七一年に、アレクサンドル三世がスカンディナビアの支配者および民衆に与えた教勅である。教皇は「神を信ずる民に対する……異教徒であるエストニア人の野蛮さ」を嘆きつつ、こう約束した。「神の慈悲とペトロ及びパウロの功業によって、余は、これらの異教徒たちと軍事力によって真剣に戦う者たちに対して、彼らが告白する罪の一年間の救済を与える。彼らは、主の聖墓のもとを訪れる者たちに対して与えられるのと同一の贖宥を受け取るであろう。戦いで死ぬ者たちに対しては、余は、もし彼らが贖宥を得ているならば、その罪すべてについて救済を与える」と。

もう一つは、エストニア十字軍の話である。エストニアの征服をめざしたリーガのキリスト教徒たちが、十字軍戦士や刀剣騎士修道会騎士や改宗したリヴォニア人などとともに、エストニアのソンタガナへと向かったときのことである。道路にいた監視人は戦士たちを見て急をつげに戻ったが、戦士たちはすばやく村を襲った。

戦士たちは多くの道路と村々に展開し、いたるところで多くの人々を殺害した。残った人々を近くの地方にまで追跡し、その中から女たちと少年を捕獲し、要塞に集めた。翌日と三日目に、戦士たちは要塞から出かけ、すべてのものを破壊し、発見したものを燃やし、馬と無数の家畜を奪った。……逃走して森や凍った海に逃げ込んだ異教徒たちの多数は凍るような寒さのなかで死んでいった。(リヴォニアのハインリヒ『リヴォニア年代記』第四巻第一四章)

戦士たちはさらに、三つの要塞を奪い、火を放つ。その後、彼らは掠奪品とともに帰還した。彼らは、熟慮深く戦利品を彼らの間で平等に分け合い、喜びのうちにリヴォニアへと帰った。「敵に対する復讐を与えられた神を祝しつつ」。これは一二一〇年の冬のことである。ちなみに女や少年を捕獲したというのは、彼らを奴隷とするか、奴隷として売買することを意味した。異教徒を突然、襲い、殺し、捕らえ、物や家畜を奪い、砦や家に火を放つのは普通の方法だった。

プロイセン十字軍

プロイセンも同様である。異教徒であるプロイセン人と戦い、彼らをリヴォニアやエストニアと同じ方法で征服していったのはドイツ騎士修道会だった。エルサレムに設立されたドイツ人のための病院兄弟団を母体とするドイツ騎士修道会は、一一九八年に設立され、翌一一九九年にインノケンティウス三世によって公認された。異教徒の攻勢に悩まされていたハンガリーやポーランドから招聘を受けて、ドイツ騎士修道会は、その旺盛な活動をプロイセン地方に振り向けることになった。

そのために第四代総長ヘルマン・ザルツァは、神聖ローマ皇帝フリードリヒ二世から勅法「リミニの黄金文書」(一二二六年)を与えられ、プロイセン征服の特権を獲得した。またローマ教皇グレゴリウス九世も、一二三四年に「リエティの教勅」を出し、修道会がプロイセン人から獲得するであろう領土を聖ペトロの財産としてその守護のもとにおき、ドイツ騎士修道会に封土として与えることを認めた。その領土は他のいかなる権力にも服さないと明言しているので、騎士修道会の征服地は皇帝やポーランド国王の支配下におかれないものとなった。ここに、ドイツ騎士修道会は独自の騎士修道会国家を作り上げることになる。

ドイツ騎士修道会は一二三〇年から活動を開始し、一二三七年には刀剣騎士修道会を併合し、その領域をプロイセンとリヴォニアに有した。むろん、その征服は容易に果たされたわけではない。プロイセン人の反乱が相次ぎ、要塞マリエンヴェルダーが陥落し、ケーニヒスベルクもリヴォニアからの救援でようやく救われるほどだった。だが、ヨーロッパから救援の十字軍が多数来援して、事態は一変した。騎士修道会は大攻勢をかけ、プロイセン人のリーダーたちを襲い、殺害した。最後の抵抗も潰えて、一二八三年には、プロイセンに残ったプロイセン人はわずかに一七万人にすぎなかったという。

「騎士修道会と戦う者は、キリストと戦うものだ」という標語が修道会士を突き動かしていた。彼らは騎士修道会士として厳格な紀律に服し、財産を捨て、刀剣だけを身につけていた。パンと水を主食とし、家紋をつけることも許されず、ただ黒い十字だけを印とした。冬でも粗末な山羊か羊のコートしか身にまとわず、衣服をつけたまま武器を携えて寝た。

禁欲的で紀律に富んだ騎士修道会軍は強力だった。騎士修道会はプロイセンを征服し、リヴォニアを併合し、エストニアに進出し、リトアニアと戦った。リトアニアには毎年、騎士修道会の先導で十字軍が派遣された。

この定期的な小規模の十字軍は夏と冬に実行され、全ヨーロッパから騎士たちを集め、軍旅と呼ばれた。軍旅は、とくに若い騎士たちにとって人生の一大イベントだった。軍旅に参加することは、あたかも武芸の技を競い合うオリンピックか異教徒狩りのサファリに参加するようなものだった。危険だが、それは魅力的だった。

騎士たちを軍旅へと誘った原因は、ほかにもある。それは、そのサファリに参加すると、十字軍の誓約を実行したとみなされたことである。ドイツ騎士修道会は、贖宥を与える権限を包括的に付与されていた。少なくとも、そう称していた。ローマ教皇にいちいち諮《はか》ることなく、自由に贖宥を与え続けた。これは、騎士修道会の大きな武器だった。この武器を有効に使うことで、ドイツ騎士修道会は常に新しい戦力を投入し続けることができた。

イングランドの詩人チョーサーの『カンタベリー物語』冒頭には、「一人の騎士」の詩が書かれている。その騎士は「異教の国」に「遠征に出かけ」、「プロシアではすべての外国の騎士たちをさしおいて、たびたび食卓の最上席につき」、「リトアニアにも遠征に出かけ」（桝井迪夫訳『カンタベリー物語（上）』岩波文庫）たとうたわれている。プロシアでの「食卓」とは、騎士修道会本部マリエンブルク城での祝宴のことである。詩人もまた周知のこととして記すほど、祝宴は全ヨーロッパで知られていた。

プロパガンダ

騎士修道会はヨーロッパ全域から十字軍兵士を集めるために、そのイメージを高め、喚起するための努力を怠らなかった。最近の研究によると、それは三つの方法、俗語への聖書翻訳、聖人伝、プロイセンとリヴォニアの年代記の作成によって実行された。

俗語への翻訳は、聖職者ではない人々を聖書に近づけるために行なわれた。最も早いものでは、一三世紀中庸に行なわれたユディト記とエステル記である。ここに登場する『旧約聖書続篇』の英雄的女性は、永いこと十字軍の理想を指し示すものとされていた。ユディトは悪魔の化身ネブカドネツァルの総司令官ホロフェルネスを倒すために、神に祈った。「御覧下さい」とユディトはいう。「アッシリア人はその兵力を満たし、馬と騎兵に心おごり、歩兵の力を誇り、盾と槍、弓と投石器に希望を置いています」。そして、こう続ける。

彼らは知りません、
あなたが「戦をたたかう主」であることを。
あなたの名は「主」。
御力をもって彼らの武力をたたきつぶし
憤りをもって彼らの権勢を打ち砕いてください。(「ユディト記」第九章)

エゼキエル書もまた、異教徒の攻撃からイスラエル人を守る話である。さらに「マカバイ記」、「ダニエル書」の翻訳も、騎士修道会総長ルーダー・フォン・ブラウンシュヴァイク(在位一三三〇―三五年)によって推進された。「ヨブ記」の翻訳は、次の総長ディートリヒ・フォン・アルデンブルク(在位一三三五―四一年)に捧げられた。『旧約聖書』の話を翻訳したのは、神のために厳しく戦うことが、そこでは自明とされているからだろう。
次に重視されたのは、聖人伝の類を翻訳し、公刊することだった。これは、信仰への献身や善と悪との戦いを示すためである。ルーダー・フォン・ブラウンシュヴァイク自身が聖バルバラの生涯を記した。彼はまた、彼の礼拝所司祭ニコラウス・フォン・イェロシンに聖アダルベルト伝を書くように求めている。

最も重要な知的宣伝は、歴史書（年代記）の記述だった。『リヴォニア韻文年代記』はその最初の作品である。これは、ドイツ騎士修道会のリヴォニア支部であるリヴォニア騎士修道会の修道士によって一二九〇年から一二九七年ころの間に書かれたといわれる。『リヴォニア韻文年代記』が、騎士修道会の公的な後援のもとに作成されたか否かははっきりしない。だが、その後に公表され、広く読者を得ることになる著作は、明らかに修道会総長によって委託されたものだった。その著作とは、ペーター・フォン・ドゥスブルクの『プロイセン年代記』（一三二六年）である。そのパトロンとなったのは、総長ヴェルナー・フォン・オルセルン（在位一三二四―九〇年）だった。

一三〇九年に本部をヴェニスからマリエンブルク（現ポーランド、マルボルク）に移転し、プロイセンを本拠地としたドイツ騎士修道会は、その「歴史」を必要としていた。プロイセン人やリトアニア人との戦いの歴史を記し、騎士修道会の正当性を描くために、『プロイセン年代記』が必要だった。

ラテン語で書かれた『プロイセン年代記』の成果をさらに広めるために、総長ルーダー・フォン・ブラウンシュヴァイクは、そのドイツ語訳をニコラウス・フォン・イェロシンに依頼した。ドイツ語版『プロイセン年代記』はより広い階層に読まれた。

マカバイ

『プロイセン年代記』は一個の記録である。多くの歴史家は、この時期のプロイセンを描くのに、最も有益な記録として利用している。一方、騎士修道会は、リトアニアに対する十字軍を実行しつづけるために、修道会が獲得した特権を明らかにし、騎士や市民たちを戦いにひきつけるための手段として利用した。『プロイセン年代記』が人々をひきつけるためにとったのは、「旧約聖書続篇」の英雄マカバイとの同一化と、聖母マリアの後援の強調だった。

ユダ・マカバイは、異教徒の支配者アンティオコス・エピファネスと戦ったユダヤ人の英雄である。アンティオコスはエルサレムを武力で奪いとり、「兵士たちには、出会う者は容赦なく切り殺し、家に逃れる者も殺してしまうように命じた」人物である。彼の命令のために、エルサレムでは「若者たちと老人たちの死体があふれ、女と子どもが一掃され、娘たちと乳飲み子たちも虐殺された」。

「まる三日間に、八万人もの犠牲者が出たが、そのうち四万人が剣によって殺され、それに劣らぬ数の人々が奴隷として売られてしまった」(『マカバイ記二』第五章第一四節)。「そのころ、マカバイとも呼ばれたユダは、十人ばかりで山地に逃げ込み、野の獣のような生活を同志とともに送っていた」。

このマカバイが立った。彼は主に祈り、アンティオコスと戦ってこれに勝利した。さらにアンティオコスの後継者であるデメトリオスの部下、象部隊の指揮官ニカノルを敗北させた。『マカバイ記』はその勝利の記録である。『マカバイ記』で重要なのは、その勝利が神の助けによるものであることを伝えていることである。

『マカバイ記』では、敵は大群で、入念に準備された武器、凶暴な象を有していた。そのとき、ユダ・マカバイは天に向かって両手を上げ、主を呼び求めた。彼は次のように懇願した。「主よ、あなたはユダヤの王ヒゼキヤのとき、あなたの御使いを送って、センナケリブの陣営で一八万五〇〇〇人を殲滅されました。天の支配者よ、今もまた、敵を恐れ震え上がらせるために、わたしたちの前に善き御使いをお送りください。あなたの聖なる民に向かい来る不敬虔な者どもに、あなたの大いなる御腕で天から一撃を加えてください」。

ユダはこう言って祈りを終えた。ニカノルの軍勢がラッパを吹き鳴らし、喚声をあげながら襲いかかって来た。ユダの軍勢は神の名を呼び、祈りながら敵を迎え撃った。手では格闘し、心では神に祈って、ついに三万五〇〇〇人を下らぬ敵を打ち倒し、神

のこの出現を大いに喜んだ。(「マカバイ記二」第一五章第二四―二七節)

マカバイは神の敵である敗者に厳しかった。ニカノルの首をはね、腕を肩から切り取ってエルサレムまでもっていかせた。都に着くとマカバイは人々を集め、「汚れたニカノルの首と、傲慢にも全能者の神殿に向かって上げたその腕を人々に示し、次いで、罵詈雑言をほしいままにしたニカノルの舌を切り刻んで、鳥に与え、その腕を神を畏れぬ報いとして神殿に向けてつるすように命じた」。そこで、人々は栄光に輝く主を賛美した。

新しいマカバイ

このようなマカバイが十字軍と結びつかないはずはなかった。第一回十字軍で建国されたエルサレム王国の初代国王ボードワン一世(在位一一〇〇―一一一八年)は、その墓標に「新しいマカバイ」と刻み込んだ。

ノジャンのギベールの記録によると、ウルバヌス二世はマカバイ一族の名をあげ、「キリストの兵士たち」にマカバイ一族をまねるように訴えている。「かつてマカバイ一族が儀式と神殿のために戦ったがゆえに敬虔について最も高い賞賛を受けたとすると、キリストの兵士たちよ、武器を用いた努力によって、あなたたちの(キリスト教の)国の自由を守ることがあなたたちに正しく認められている」と。(『フランク人による神の御業』第一

巻第二章）

ヴェンデ人討伐のために一一〇八年に出された「マクデブルクの訴え」もまた、ヴェンデ人によって支配されている「われわれのエルサレム」を、勇者マカバイがしたのと同様に奪い返すようにと主張している。なぜなら、その地は主がイスラエルの子孫に与えたものだからだ、と。また「マカバイ記」は、教皇インノケンティウス三世の十字軍政策の、主要なインスピレイションの源泉だったともいわれる。

ドイツ騎士修道会とマカバイを結びつけたのは、教皇ホノリウス三世（在位一二一六―一二二七年）だった。教皇はドイツ騎士修道会を「新しいマカバイ」と呼び、マカバイの後継者と位置づけた。

『プロイセン年代記』はその「プロローグ」で、ドイツ騎士修道会を「ユダ・マカバイと同様に、異教徒たちが偶像崇拝によって汚染していた、プロイセンという神聖な土地をどのように浄めるかに」注意して欲しいと伝えている。

マカバイはプロイセン騎士修道会によって、その征服行為を正当化するために用いられた。ドゥスブルクやニコラウス・フォン・イェロシンの『プロイセン年代記』では、マカバイの名は二五回にわたって言及されているという。『プロイセン年代記』はまた、「新しいマカバイ」という表現を使用している。たとえば、こうである。

ドイツ騎士修道会プロイセン・ラント長官と騎士修道士たちは、まさに新しいマカバイ一族として、キリスト教徒の境界を拡大し、敵を攻撃し、その要塞を奪取するのに、いかに強く見事に、またいかに優美かつ俊敏に、その武力を用いたことか。これを詳細に語るとすれば、長大で私の能力を超えていたと思われる。彼らの戦闘と勝利は、この世の終わりにいたるまで、信仰篤い者たちの全教会が語ることになるであろう。(ドゥスブルク『プロイセン年代記』第三部第三一章)

ドイツ騎士修道会は、年代記を利用してマカバイとの一体化を図り、異教徒との戦争をキリスト教徒に相応しい行為、聖戦であることを示しつづけた。

ドイツ騎士修道会国家の終焉

ドイツ騎士修道会国家が消滅したのは一五二五年のことである。その二年前に、騎士修道会総長ブランデンブルク・アンスバハのアルブレヒトがルター派に改宗し、一五二五年にポーランド国王を封主とする世俗公国となったからである。栄光あるドイツ騎士修道会がそのような羽目に陥ったのは、一四一〇年にタンネンベルク(グルンヴァルト)の戦いで、ポーランド・リトアニア連合軍に壊滅的敗北を喫したからである。

タンネンベルクの戦いから四年たった一四一四年、ドイツ騎士修道会はコンスタンツの公会議に代表を送った。ポーランドとリトアニアに十字軍を派遣するように訴えるためである。なぜなら、リトアニアは国として偽の改宗をしていて、なお異教徒の国であり、ポーランドはこれと組んで騎士修道会に攻撃をしかけるからだ、と修道会は主張した。

この時、ポーランドはパウルス・ウラディミリを中心とする代表団を送り、激烈な論争を行なった。これをコンスタンツの論争という。その時、騎士修道会が送った代表ペーター・ヴォルムディトが行なった弁論冒頭の、興味深い一節だけを紹介しておこう。

彼によると、かつて神の家と聖なるキリスト教が、サタンの軍隊によってあらゆるところで攻撃されていた。東方と南方では、不信仰者ムハンマドを称揚するサラセンとその他の種族の者たちが残虐に征服を行ない、聖地を掠奪し、エルサレム王国の首都アッコンを破壊し、キリスト教徒を服従させ、神の教会を偶像の住処とした。北方の地域では、かつて信仰をもたなかったプロイセン人、複数の神々の存在を信ずるリトアニア人、隣接するサモギティア人、タルタル人、分離主義者ロシア人が跋扈していた。

「これらの悪からキリスト教徒を救うために、故地エルサレムの聖母マリアドイツ騎士修道会が……聖なる教父たちの熱意をもって」、「神の息吹のもとに創設された」。これ以降、長期にわたって、非常に誠実で勤勉な男たちが、「かのマカバイ族のように」異教徒と戦うために修道会への入会を志願し、真理を伝える福音のために死ぬ覚悟を決め、信仰のためにその生命を捧げてきた。彼らは「正しい聖なる戦争」を行ない、危険に身をさらし、仲間を助けてきた、と。

ヴォルムディトは、人々をひきつける聖母マリアとマカバイ一族の名をあげ、それとドイツ騎士修道会との深い結びつきを指摘することで、ヨーロッパの世論を味方につけようとしていた。

だが、時代は大きく変わりつつあった。リトアニアの改宗によって、北の異教徒の脅威はもはや感じられなかった。ローマ教会も騎士修道会を後援しなかった。むしろ問題の焦点にあったのは、コンスタンツの公会議で焚殺された改革派ヤン・フスの母国ボヘミアで始まりつつあった、フス戦争だった。それと時を前後して、オスマン帝国がキリスト教世界の内部に侵攻しつつあった。

十字軍を派遣するとすれば、それはポーランドではなく、まずトルコであり、またボヘミアでなければならなかった。ローマ教皇庁は、ボヘミアとトルコの双方に十字軍を宣告した。

この二つの十字軍にともに主役として関与し、戦いに敗れた人物がいる。ハンガリー国王でドイツ国王、神聖ローマ皇帝にもなったジギスムント（ドイツ国王在位一四一〇―三七年、皇帝在位一四三三―三七年）である。

ジギスムントはハンガリー国王時代にトルコと戦い、その力のほどをよく知っていた。彼は強力なトルコに対抗するには、分裂状態にあったヨーロッパに統一と平和をもたらす以外に方法はないと確信していた。三人のローマ教皇が鼎立するという大シスマ（大分裂）を解消させるために、ジギスムントはコンスタンツの公会議を開催させた。大シスマを解消させ、ヤン・フスを焚殺させ、ヴォルムディトやパウルス・ウラディミリを登場させた歴史の背後には、実はトルコの脅威、トルコへの恐怖があった。

この恐怖は十字軍への衝動と結びついた。十字軍はなお生きていた。それを可能にしたのはトルコの存在だった。トルコの影が大航海と宗教改革の時代のヨーロッパを覆った。トルコは、来るべき近世ヨーロッパの政治に深い影響を与え続けることになる。

第四章

神の鞭・悪魔の僕・ピューリタニズム

凱旋するスレイマン大帝
(Jonathan Riley-Smith (ed.), "*The Oxford Illustrated History of the Crusades*", Oxford University Press)

16世紀のヨーロッパ
神聖ローマ帝国境界線
フィンランド
ノブゴロド
モスクワ
モスクワ
ヴォルガ川
スモレンスク
リトアニア
ドン川
キエフ
ドニエプル川
リボフ
クリミア
モルダヴィア
ワラキア
黒海
ドナウ川
オスマン帝国
コンスタンティノープル
アテネ
クレタ
キプロス

H. G. Koenigsberger
Early Modern Europe 1500–1789, London and New York, 1987

パレスチナ十字軍に続いて北の十字軍が終焉を迎えた後、ヨーロッパの脅威となった異教徒集団はオスマン朝トルコだった。トルコ軍はバルカン半島に進出し、南欧と東欧に圧力をかけ、ビザンツ帝国を征服する勢いを示した。これに対して、ヨーロッパ側も繰り返し十字軍を結成し、反撃した。ビザンツ帝国の滅びた後の一六世紀においても、対トルコ十字軍の結成が試みられた。

しかし一六世紀になると、正面から十字軍を否定する動きが現れる。ルターの宗教改革である。ルターはローマ教皇を「反キリスト」と断じ、十字軍を送ろうとする試みを非難した。十字軍は熱気を失い、大規模な十字軍は一六世紀後半に終止符を打つ。

しかしルターの後継者は、聖戦としての「十字軍の思想」を受け継いだ。それは、クロムウェルのイングランドに顕著に見られる。ピューリタニズムが受け継いだ「十字軍の思想」は、アメリカでさらに展開することになる。

本章では、これまで扱われることがなかった一五、一六世紀の十字軍と、プロテスタンティズムにおける「十字軍の思想」の展開過程を描くことにする。

コソボの戦いとニコポリスの戦い

リトアニア大公ヤギェウォがキリスト教に改宗し、ポーランド国王になったのは一三八六年のことである。リトアニアを委ねられた従兄弟のヴィタウタスも同時に改宗し、リトアニアもキリスト教国となった。十字軍の必要性はもはやなかった。

ところが、その少し前から東欧の南側で、異教徒による大きな脅威が生まれつつあった。オスマン朝の登場である。

とくにムラト一世(在位一三六二?—八九年)はアナトリアの東へとさらに展開し、コンスタンティノープルに大きな圧力を加えていた。これに危機意識をもったビザンツ帝国皇帝ヨハネス五世(在位一三七九—九一年)は、自ら西欧諸国に救援を求めに出かけた。その試みは成功しなかったが、ローマ教皇ウルバヌス五世は十字軍を呼びかけ、サヴォイ公アマデウスによるガリポリ征服をもたらした。しかしムラト一世は反撃し、一三六九年にはアドリアノープルを占領した。この町を首都とし、名もエディルネと改めた。交通の要衝を押さえられ、バルカンとコンスタンティノープルは大きな脅威にさらされた。

ヨハネス五世は、ムラト一世に朝貢することで存続をはかった。トルコはこれを受け入れ、さらにバルカンに触手を伸ばした。

これに対抗したのがセルビア侯ラザールで、一三八九年、彼を中心とするバルカン諸侯軍とトルコ軍がコソボで戦った(「コソボの戦い」)。ムラト一世は戦闘中に殺害されたが、息子のバヤズィトが軍を指揮し、この戦いに勝利した。この結果、セルビアとブルガリアがトルコの支配下におかれることになった。トルコの勢力はキリスト教世界の一角に及ぶことになったのである。

この動きのなかで、キリスト教同盟を結んでバヤズィト一世に対抗しようとしたのが、後にコンスタンツの公会議を開くことになる、ハンガリー王ジギスムントである。

イングランドもフランスもこれに関心を示し、一三九五年にはローマ教皇ボニファティウス九世が十字軍の教勅を発した。一三九六年四月末にはフランス・ブルゴーニュ連合軍が出立し、七月にジギスムントのいるブダに到着した。ハンガリー軍と合流した十字軍は、ブルガリアの占領された地域に前進し、ニコポリスの要塞を包囲した。バヤズィトも、コンスタンティノープルから、急遽ブルガリアに向かう。両軍は、ついにニコポリスで出会った。九月二五日、「ニコポリスの戦い」が始まった。それぞれの兵力は一万から二万人といわれる。

十字軍はフランスの騎士を前面に出して戦い、トルコ軍は重装騎兵を背後に温存し、前面に歩兵と軽装備の兵士を配した。戦闘が長引くにつれ、主力を温存していたトルコ軍が優位にたち、やがて十字軍は壊走した。ジギスムントは逃げ、多くの有力な騎士たちが捕虜となった。その身代金の額は膨大なものとなった。イングランド国王とフランス国王がともに十字軍に出かけるという構想も、この敗北で潰えた。

ヴァルナの戦い

この戦いを境に、トルコの勢力が南欧地域への支配を強め、ヨーロッパはこれに十分に対抗できない状態が続いた。一四三三年に神聖ローマ皇帝となったジギスムントも、ボヘミアの反乱（フス戦争）に十字軍として立ち向かったが、五度も敗北し、トルコに十字軍を派遣できる状況にはなかった。当然、ビザンツ帝国は危機に陥った。

しかし、この間に登場した、イスラム化したモンゴル族の英傑ティムール（一三三六―一四〇五年）が、結果的にコンスタンティノープルの危機を救った。ニコポリスで勝利したバヤズィト一世は、中央アジアから進出してきたティムールとの「アンゴラ（アンカラ）の戦い」に敗れて捕らえられ、虜囚のうちに死んでしまったからである。

その後、トルコでは王位継承をめぐって争いが続いた。メフメット一世が勝利し、彼とその後継者ムラト二世のもとでトルコは勢力を回復した。一四三七年、神聖ローマ皇帝でハンガリー王のジギスムントが死んだとの報を受けて、ムラト二世はトランシルヴァニアに軍を送り、一四四〇年にはベオグラードの占領をめざした。

しかし、この時、トルコ軍の前に立ちはだかり、一四四一年と一四四二年の二度にわたってこれを破る人物が登場した。ハンガリー王の親族トランシルヴァニア侯フニャディ・ヤーノシュ（一三八七？―一四五六年）である。この敗戦にショックをうけて、ムラト二世は一四四四年に引退し、王位を子のメフメット（二世）に譲った。十字軍はこの機会に攻勢をとろうとした。なりたての神聖ローマ皇帝フリードリヒ三世は、ハンガリー王ヴワディスワフ三世の立場を有利にすることを恐れてこれに参加しなかったが、ブダには多数の兵士たちが集まった。

ヴワディスワフ三世によって率いられた十字軍が進軍を開始したとの報を受けて、ムラト二世はただちに復帰した。彼は三万から四万の兵士とともに、妨害をうけることなくボスポラス海峡を横断した。キリスト教軍は黒海のキリスト教艦隊と連動するはずだったが、失敗した。

両軍は一四四四年一一月一〇日に、ヴァルナ（ブルガリアに属する黒海沿岸の港町）で会した。十字軍の方が兵力は二倍ほど多かったといわれるが、戦闘は厳しく、長時間に及んだ。勝者が不明なまま双方が撤退した。しかし、この戦闘でヴワディスワフ三世は戦死した。これは、「ヴァルナの戦い」と呼ばれる。

ヴァルナの戦いから帰還したフニャディは、一四四八年に教皇ニコラウス五世による十字軍の許可を得て、再びセルビアに向かった。迎え撃つのはムラト二世だった。場所は、ほぼ五十年前にバルカン諸侯軍がトルコに敗れたコソボだった。二日間（一〇月一八―一九日）にわたって戦闘が続いた。その結果、勝利したのは、やはりイスラムのムラト二世だった。ドナウ川南岸はトルコの支配下に落ちた。

ビザンツ帝国は孤立し、その運命はもはや明らかだった。ムラト二世の死後、スルタンの位を継いだのはメフメット二世（在位一四四四―四六年、一四五一―八一年）である。メフメット二世は一四五三年初頭にコンスタンティノープルの攻撃を決定し、同年五月二九日についにこれを落とした。コンスタンティノープルはイスタンブールと名を変えられ、トルコの首都となった。

反撃が企画された。しかし、ローマ教皇ニコラウス五世やピウス二世、ボヘミアの司教ニコラウス・クザーヌスやカルトゥジオ会の修道士ディオニューシウスなどの努力にもかかわらず、十字軍はついに派遣されなかった。

ピウス二世は十字軍を自ら率いることを決定し、一四六四年六月一八日にローマで十字架をとり、アンコナへと出発した。そこでヴェニスの艦隊を待ち、乗船する予定だった。しかし八月一五日にペストにかかり、死亡する。この十字軍もついに出発できなかった。一四八〇年にはトルコのロードス島への攻撃が始まり、イタリア本土への上陸も行なわれた。しかし一四八一年、メフメット二世が死に、イタリア上陸は無に帰した。

主よ、トルコ人はローマに攻め入るであろうか?

「主よ、トルコ人はローマに攻め入るであろうか?」。これは、カルトゥジオ会のディオニューシウスが伝えた不安の言葉である。「トルコ」は、迫りつつある現実的恐怖だった。ニッコロ・マキャヴェッリ（一四六九―一五二七年）の作品『マンドラゴラ』に次のようなセリフがでてくる。

「で、トルコは今年、イタリアにたどりつくと思う?」

これは、現実味のある疑問だった。一四九九年にはレパントが落ち、翌年にはメトニ、ピロス、コロニが征服された。ユリウス二世とレオ一〇世は十字軍を準備するために多大な努力を払った。レオ一〇世は一五一三年には東ヨーロッパに十字軍の回勅を回し、一五一六年には、フランソワ一世の指揮下のフランス人十字軍を召喚すらしている。一五一六年と一五一七年、トルコはシリアとエジプトを征服した。それは、ヨーロッパにいっそうの危機意識を与えた。一五一七年一一月には、特別の十字軍贖宥状が出され、八人の枢機卿からなる委員会が構成された。この委員会はヨーロッパの君主たちに一般的休戦を呼びかけ、六万の歩兵、四〇〇〇人の騎士、一万二〇〇〇人の軽騎兵および一艘の軍艦を準備するように提案した。一五一八年三月、ローマ教皇はヨーロッパにおける五年間の休戦を呼びかけ、反応は上々だった。新しいヨーロッパ連合軍ができつつあった。ところが、一五二〇年にトルコのスルタン、セリム二世が死んだために、この勢いは一気にしぼんだ。人々はまだ、後継者のスレイマン一世（在位一五二〇—六六年）が恐ろしい偉大なスルタンとなり、ヴィーンを包囲することになるのを知らない。ヨーロッパは再び、相互の争いの嵐のなかに入り込んでいく。しかしスレイマン一世は、次々とその手を伸ばしていった。

スレイマン一世は、地中海では、一五二二年に聖ヨハネ騎士修道会のロードス島を陥落させ、バルバル地方の沿岸のほとんどを支配下においた。一五二一年にはベオグラードを占領し、一五二六年にはモハチの戦いでハンガリー軍を撃破した。道はドイツに通じ、ヴィーンが一五二九年に包囲された。

一五三〇年、神聖ローマ皇帝カール五世とローマ教皇クレメンス七世はボローニアで会い、この事態について協議した。このとき、クレメンス七世の随行隊の行進は三つの旗を伴っていたという。一つはローマ教会の旗、もう一つは教皇の出身の家であるメジチ家の旗。最後の一つは聖十字の印のついた旗である。この最後の旗は、トルコに対する十字軍の遠征においてひるがえるはずのものだった。しかし、この旗はひるがえらなかった。ヨーロッパの諸勢力は、十字軍によってハプスブルク家の勢力が増大することを恐れていた。ドイツの諸侯すら十字軍に結集しようとはしなかった。だが、それはただ政治的勢力としてのハプスブルクへの反発ということだけでは説明できない。この段階では、ローマ教皇の主導による十字軍に対する、もっと直接的な反対が現れていた。それは、教皇レオ一〇世がトルコと戦うために特別の十字軍贖宥状を発行した一五一七年一一月の直前に、劇的な形で始まっている。

その日は、正確に記すと一五一七年一〇月三一日である。場所は、ザクセンのヴィッテンベルクだった。

この日、城の教会のドアに一枚の抗議書が張り出された。実は、抗議書が司教たちに送付されただけだともいわれるが、真相は不明である。とにかく、その抗議書は、当時サン・ピエトロ大聖堂再建の名目で売り出されていた贖宥状の発行を厳しく批判するものだった。その批判は九五箇条に及んだので、一般に『九五箇条の提題』と呼ばれる。執筆者はヴィッテンベルク大学の若い神学教授だった。いうまでもなく、マルティン・ルター（一四八三―一五四六年）である。

懐疑と反対――エラスムス

ルターとトルコの脅威と十字軍への反対との間に、どのような関係があるのか。いぶかしく思う人も多いだろう。しかし、それはかなり密接に関係している。

ヨーロッパはなぜこのような状況に陥ったのか。トルコになぜ負けつづけるのか。トルコはなぜヨーロッパに迫ってくるのか。一五世紀後半から一六世紀前半にかけて、この事態に深い疑問を抱く人々が現れていた。誰が悪いのか。なるほどトルコ人は異教徒で、彼らは敵かもしれない。だが、彼らの進出もまた神のなせる業ではないのか。だとすると、それはどう解釈されるのか。キリスト教徒は何をなすべきなのか。鋭敏な人々はそう考えはじめていた。

フィレンツェの宗教改革者サヴォナローラ（一四五二―九八年）もその一人だった。彼は十字軍に賛成せず、むしろ教会の腐敗を攻撃した。将来トルコ人はキリスト教に改宗する可能性があり、それは「誤ったキリスト教徒の処罰」と軌を一にするだろう。彼はそう主張した。そもそもトルコの勝利は、内戦と堕落した教会に対する神の怒りである。神の怒りの表現である異教徒は反キリストの使者、あるいは神の懲罰の道具にすぎない。そのような異教徒と戦うことははたして必要なのか。有益なのか。それは、本当に合法なのか。彼はそう問いかけた。

この改宗の可能性については、神学者であり哲学者であるニコラウス・クザーヌスもまた重視していた。彼はコーランの研究を進め、キリスト教とイスラム教の類似点を考察した。彼の『コーランの検証』は、イスラム教徒をキリスト教徒に改宗させることを目的としたもので、彼の友人でローマ教皇ピウス二世に献呈された。

クザーヌスと同じ線上でトルコに対しようとしたのが、偉大な人文主義者エラスムス(一四六六―一五三六年)だった。エラスムスもまた、コーランのうちにキリスト教的要素のあることを認め、イスラムの理論の「半分」はキリスト教だと主張していた。彼にとってトルコ人は、キリスト教のアーリア的異端だった。したがってエラスムスの場合、トルコ人と戦うのではなく、むしろ彼らに改宗を勧める方が適当と考えられた。

ところが、現実はどうか。ルターによる宗教改革の開始と同じ一五一七年に公刊された『平和の訴え』で、エラスムスは「平和の神」にこう嘆かせている。「異教徒に輪をかけたくだらない原因のために、不信仰者よりも残忍なやりかたで、しかも彼らの思いも及ばぬ恐ろしい兵器を使ってキリスト教徒が同士討ちをしている有様を見て、キリスト教徒を名乗るものの敵たちが、どう思い、何と言い、さらに、キリストにたいしてどんな非難を浴びせかけることでしょうか？」

平和の神はさらにいう、それゆえ、「もしトルコ人をキリスト教徒に改宗させたいと望むのなら、まずわれわれ自身が、真のキリスト教徒にならねばなりません。キリストの何よりも忌み嫌われた戦争が、ほかならないキリスト教徒の間でとびきり華々しく繰り広げられているのを目撃している限り、彼らトルコ人がキリスト教を信じないのは当然の話です」（箕輪三郎訳『平和の訴え』岩波文庫）と。

エラスムスはトルコとの防衛戦争までは否定しない。だが、その支持はきわめて弱いものだった。彼は十字軍に、積極的には賛同しなかった。教皇が一五一七年に十字軍を企画したとき、エラスムスはトルコと戦う唯一の道は、キリストの教えに従うことだと主張した。

トルコ人に示すべきはキリスト教徒の徳にほかならない。他人の暴力に対して、暴力をもって応えるのは正しいだろうか。たしかに、もしイスラム教徒が攻撃するなら、キリスト教徒がイスラム教徒に対して防衛することを慎むべきではないだろう。しかし、人はその信仰を放棄してはならない。キリスト教の真の価値を示すことこそ重要なのだ、と。

エラスムスは『対トルコ戦への考察』（一五三〇年）では、トルコとの戦争を容認している。しかし、いくつかの条件をつけた。そのなかで注目されるのは、彼が贖宥状の交付と十字軍への教会の関与を否定したことである。

「なぜなら、枢機卿や司教、大修道院長や聖職者がこういったことがらに巻き込まれるのは、聖書や教会法に相応しくないし、それに調和しないからである」。エラスムスはそう主張した。この認識は、教皇の主導する十字軍を否定するに等しかった。トルコとの戦いはありうるが、それは世俗的防衛戦争であって、十字軍であってはならない。これがエラスムスの基本的立場だった。

贖宥状と十字軍

エラスムスとほぼ同時期に登場し、十字軍に対して彼以上に呵責のない批判を加え、十字軍に致命的ともいえる打撃を与えた人物がいる。宗教改革者マルティン・ルターである。ルターは、贖宥状の売買に反対して記した『九五箇条の提題』の第五条で、教皇が赦すことができるのは「教皇または教会法の権威によって科せられる罪」だけであり、教皇に一般的な贖宥状を出す権限はないと主張した。

この時発行されていた贖宥状は、サン・ピエトロ大聖堂の改修費を名目としていた。実はマクデブルク大司教アルブレヒトがマインツ大司教を兼ねるために、その運動費としてフッガー家から莫大な借金をし、それを返済するために教皇と組んで贖宥状を売り出したと言われている。ルターが怒るのも無理はない。宗教改革が始まったのは、この時からである。

ルターの贖宥状に対する批判は十字軍の批判に通じていた。そもそも、贖宥状はインノケンティウス三世によって、十字軍の誓いを買い戻すのを許すというところから始まっていた。本来、十字軍への参加の誓いは神の前での誓いだから、必ず果たすべきものであった。ただ、病気などでやむをえず参加できない者については、金銭の支払いによって代えること（買い戻し）ができるとされた。この場合でも、罪の赦免が与えられる。

金銭による買い戻しは、やがてより広い範囲にわたって認められるようになった。老人や女性で十字軍に直接参加できなくても、寄付することで赦免が与えられることになった。これをシステム化したのが贖宥状つまり赦免状である。贖宥状を買うだけで贖罪が果たされるのであれば、これほど便利なことはない。贖宥状は売れた。十字軍を財政的に賄ったのは、やはりインノケンティウス三世が考案した十字軍税とともに、この贖宥状の販売だった。

贖宥状は、その他の場合にも用いられるようになった。そしてその効能も拡大していった。ルターの時には、贖宥状は、天国と地獄の間の煉獄にあって、神の審判を受ける前に、地上で償い切れなかった罪を償うために試練を受けている死者の贖罪をも助けるものとされていた。

アルブレヒトのために贖宥状を売り歩いていたドミニコ会修道士テッツァーは、焔のなかにいる父たちを救うために贖宥状を買うように勧めた。「お金が箱のなかでなるとともに、魂は煉獄の火からとびさっていく」と彼はうたい歩いた。

各人が「悔い改め」を自ら生涯にわたって行なうべきことを求めたルターにとって、これはとうてい容認できない行為だった。ルターの否定は贖宥状の売買そのものの否定から、それを発行して恥じないローマ教皇とカトリックの教義、彼らが主導する十字軍そのものに及んだ。

反キリスト

ルターは過激化していった。一五一八年に彼が記したある書簡によると、ローマ教皇庁で統治しているのはいまや「反キリスト」で、「ローマは今日、トルコよりももっとたちが悪い」。反キリストとは、イエスがメシアであることを否定する者である。『聖書』(「ヨハネの手紙一」第二章第二三節)では、「御父と御子を認めない者」と伝えられている。

すでに指摘したように、キリストが再臨する前に、最後の偉大な反キリストが現れるというのが、終末論に不可欠のストーリーだった。反キリストは「すべて神と呼ばれたり拝まれたりするものに反抗して、傲慢にふるまい、ついには、神殿に座り込み、自分こそは神であると宣言する」(「テサロニケの信徒への手紙二」第二章第四節)。ルターは「神の代理人」と称するローマ教皇を、この反キリストになぞらえた。

ルターは「すべてのキリスト者が騒乱や謀叛に対し用心するようにとのマルティン・ルターの真実な勧告」(一五二二年)で、教皇とその輩《やから》がやがて「滅ぼされるであろう」と主張した。聖パウロはテサロニケ人への第二の手紙で、教皇について次のように言う。「私たちの主イエスは、その口の息をもって彼を殺し、彼の来臨の輝きをもって滅ぼすであろう」。ルターは続ける。

画家もまた、虹の上に座し、むちと剣をその口から突き出しているキリストをえがいている。それは、イザヤ書一一章(四節)に由来する。そこでイザヤは、「彼は地をその口のむちをもって打ち、そのくちびるの息をもって悪しき者を殺す」といっている。……これらの聖句から、私たちは、教皇とその反キリスト的支配が、これほどまでに滅ぼされてしまうこと、すなわちその口の息であり、棒であり、剣であるキリストの言葉によって、彼らの奸悪、欺き、悪業、暴政、いつわりが明らかにされ、全世界に暴露されて面目を失ってしまうことを学ぶのである。(石居正己訳『ルター著作集 第一集第五巻』聖文舎)

言うまでもないが、「テサロニケの信徒への手紙二」でキリストが殺すのは、「主の日」の到来に先立って現れる「不法の者」、「滅びの子」である。教皇とはどこにも書いていない。しかしルターは、これを教皇と言い切った。彼の反教皇主義の凄まじさが、この一事だけで分かるだろう。

ルターと「ユダヤ人問題」について論じている羽田功氏によると、当時のヨーロッパでは、第一回十字軍の時と同じように終末の雰囲気が色濃く漂っていた。教皇庁の腐敗、皇帝とフランスなどとの戦争、農民戦争、トルコの襲撃、ペストの流行などが、「終末の時に解放される悪魔のしわざと見られていた。社会全体が不安と騒乱のなかで揺れ動いていた」(『洗礼か死か――ルター・十字軍・ユダヤ人』林道舎)。ルターはその「終末」意識に強く捉えられていた。

神の鞭――トルコ人

ローマ教皇が反キリストだとすると、教皇が求めるトルコ十字軍への参加は、信仰に反する行為ということになる。トルコ人の戦勝は神の意図による。キリスト教世界がトルコに劣勢なのは神の懲罰のためである。トルコ人はカトリックに対する神の刑罰の道具、「神の鞭」にほかならない。

ペストや戦争、トルコ人やタルタル人やその他の異教徒も、これをこの世にもたらしたのはローマ教皇である。なぜなら、ローマ教皇は反キリストだからである。ルターとともに宗教改革を推進したトマス・ミュンツァーもまた、「プラハ宣言」(一五二一年)で「新しい教会」をつくることを宣言し、その運動に参加することを求めて、こう訴えている。「もしあなたたちが拒絶するなら、神は翌年トルコ人を使ってあなたたちを打ち倒させるでしょう」。

ローマ教皇レオ一〇世は、一五二〇年の教勅でルターを非難した。「トルコ人と戦うことは、われわれの不正を監視しておられる神と戦うことだ」というルターの言葉を、異端と宣言した。またハドリアヌス六世も、「ニュルンベルク帝国議会への指令」でルターを非難し、一五二九年には、ソルボンヌの神学者たちは、ルターとトルコという二つの危機の間には類似性があり、『九五箇条の提題』はコーランと同じほど信仰を逸脱していると訴えた。

しかし、逸脱しているのはローマのほうであり、トルコと類似しているのは、むしろ教皇ではないかとルターは主張しつづけた。

「教皇の精神は反キリストである。その肉はトルコ人である」(『卓上語録』)と彼は断言した。そもそも、まずなによりも必要なのは自分たち自身の改革である。トルコと戦うことではない。ルターはそう強調した。これは、先に考察したエラスムスと同一の認識だった。ルターはエラスムスと同意見であると明記し、「トルコと戦争をしなければならないのであれば」、まず自らを改革するように主張した。なぜなら「われわれは、もし霊的に征服されるならば、外国で物欲的な戦争をしても無駄」だからである。彼は続ける。

ローマ教皇庁は、どのトルコ人よりも専制的で、そのような尊大な行為によってキリストとその教会に対して戦っている。聖職者は貪欲、野心、贅沢の深みにはまっている。教会の運命はいたるところできわめて悲惨である。それゆえ、戦争に成功する望みも勝利する望みもない。私が見る限りでは、神はわれわれに対して戦っている。それゆえ、最初にわれわれは、涙、純粋な祈り、神聖な生活、純粋な信仰によって神を味方につけねばならない。(スパラティンへの書簡、一五一八年一二月)

トルコ人が町や国土を荒らすと人々は恐れ、王や諸侯に戦争を促す。ところが、キリスト教内部の礼拝の乱れについては一顧だにしない。その先頭にたつべき教皇や司教は、かえって「霊性上のトルコ人や悪魔の軍勢の君侯となり、指揮官となっている」。それはあたかもユダのようである。

しかも、教皇たちは「まことに愚かにして、相変わらずトルコ人を平らげようとしている」。それはちょうど、藪のなかの狼には気をつけず、自分で自分の家と羊小屋に火をつけているのと異ならない。「すべてはキリストが尊い血潮と過酷な労苦と激しい死の苦しみとによって、私たちのために獲得してくださった無限の恩恵に対し、私たちが感謝を忘れてしまったことによる当然の報いである」。(福山四郎訳「善きわざについて」『ルター著作

集 第一集第二巻』)

ルターにおける十字軍の否定

ルターはこのように、トルコ人と戦う前に自らの改革をするようにキリスト教世界に対して訴えた。しかしこのことは、エラスムスと同様に、トルコ人の攻撃に対して何もするなという意味ではない。ルターが主張したのは、教皇の主導する十字軍をやめよということだった。なぜなら、戦うことは世俗の皇帝や国王、諸侯の仕事であって、聖職者の関与すべきことがらではないからである。

ルターは聖俗分離を革命的に推進した人物である。教皇革命は聖俗分離の聖俗競合関係を生み出していたが、その分離はなお不徹底だった。ローマ教皇は世俗の世界に対して、なお信仰との絡みで強い影響力を発揮し、十字軍を実行した。ルターは、聖職者は魂のことがらだけを扱うべきであるのに、ローマ教会が世俗のことがらに関与し、堕落したために、神が怒りを向けていると考えた。

ルターがトルコ人を「神の鞭」と呼び、レオ一〇世によって破門されたことはすでに紹介した。これに対してルターは、「トルコ人に対する戦争について」(石本岩根訳『ルター著作集 第一集第九巻』)で、自身の立場を鮮明に伝えている。何よりもルターにそう主張させたのは、「キリストのみ名においてトルコ人を敵として戦うことを企て、あたかもわが民族がキリストの敵トルコ人に対して、キリスト者の軍隊と称えるべきものであるかのように教え唆かしているということであった。これこそ、正にキリストの教えならびにキリストのみ名に反することである」。なぜなら、真のキリスト者は力で争わないからである。

キリストの名を使って戦争することほど大きな罪悪はない。それは、キリストの名に恥辱と不名誉を加えることである。教皇や司教が一緒に戦争に加わるとすると、これは大きな罪である。「彼らは神のみ言や祈りをもって悪魔と戦うべき使命を受けている身でありながら、かかる使命と職務とを捨てて、剣を執って肉と血とを相手に戦わんとするからである」。これは明らかに十字軍の全面的否定である。

ルターは、しかしトルコ人との戦いまでは否定していない。彼にとってトルコ人は、「神の鞭」であると同時に「悪魔の僕」であった。トルコ人は国土や人々を剣によって滅ぼし、キリスト教の信仰やイエス・キリストを荒廃させる。

コーランでムハンマドは「剣によって統治すべきことを命じており、剣がそのコーランにおける最も偉大な、最も高貴な作品」である。トルコ人は「真の殺人者ないしは追剝にほかならない」。このような「悪魔の僕」を倒すには、まずその主人である悪魔を打ち倒さねばならない。そのために第一に必要なのは、世俗の武器ではなく、「キリスト教の武器と力」である。

ところが、それを行なうべき教皇や司教たちは「皇帝や国王達や諸侯や国土や民衆を相互に扇動するばかりか、自分自身らも戦争し、殺人流血を援助すること」に専心してきた。ルターは言う。

教皇が反キリストと同じく、トルコ人はからだをとって現れた悪魔である。これら双方のものに対するものは、私たち、しかも、キリスト教の祈禱である。最後の審判の日がなすべきことであろうが、双方共に地獄へ堕ちるべきものである。その日が遠くないことを、私は望む……。

もっとも、その一方で、ルターは世俗の武器の必要性は認めている。「トルコ人に対して戦争をしようとする場合、皇帝の命令の下に、彼の旗の下に、そして彼の名の下にすべきである」ことが強調された。なぜなら、皇帝は主権者であり、彼に従うことは神に服従することであり、それは「神の秩序に服して」いることを意味するからである。しかし皇帝は、キリスト教のために、キリストの名の下に戦うのではない。彼が戦うのは臣下のためである。皇帝は、神に委ねられた臣下を保護する義務、職務をもつ。それゆえ皇帝は、トルコ人のもたらす臣下の苦難と悲惨を防ぐために戦わねばならない。戦争は教会の関与するところではなく、世俗のことがらである。トルコ人に対して剣で向かうことができるのは、そして向かわねばならないのは皇帝であって、教皇ではない。

最後の十字軍？

ルターの批判は急進的で、核心をつくものだった。むろん、この批判によって、ただちにローマ教皇による十字軍が消滅し去ることはなかった。前に紹介したように、アルマダ艦隊にまで贖宥が与えられたし、地中海での戦いは一六世紀を通じて実行されつづけた。一五七一年一〇月のレパント沖海戦の勝利は、同年結ばれたスペイン、ヴェニス、ローマ教皇の神聖同盟の成果だった。二〇九艘のガレー船、六艘のガレアス船、二七艘の大帆船などからなる大艦隊は三万人の兵士を載せ、二七五艘のトルコ船と戦った。その結果、キリスト教側はイスラム教側の三〇〇〇〇人を殺害もしくは捕虜とし、一一七艘のガレー船を奪い、八〇艘を破壊する大勝利を収めた。その資金は、教会税や贖宥状の売買によってまかなわれていた。

この同盟は翌年改定されたが、その時ローマ教皇ピウス五世は全信者に宛てた書簡を出している。そこには依然として「罪の完全な免償」と、「余の先任者であるローマ教皇たちが聖地の救援に出かける十字軍士に与えることを常としてきたのと同一の贖宥」を与えることが明記されている。この同盟は、一五七三年にヴェニスがトルコと和平条約を締結したために瓦解した。

その後、行なわれた最も十字軍らしい十字軍は、ポルトガル国王セバスティアンのアルカサール（モロッコ・北アフリカ）への進撃だった。

一五七八年六月にリスボンを出発したセバスティアン王の軍隊は、訓練も十分でなければ士気も旺盛とはいえなかった、徴兵された一万人のポルトガル人を中核としていた。軍はタンジールからアルカサールへと向かったが、アブド・アル・マリクの強力な軍隊が待ち受けていた。イスラム側には四〇〇〇丁の火縄銃と三四個の大砲が備えられていた。銃はエリザベス一世によって供給されたものだという。八月四日、六時間に及ぶ会戦が行なわれた。セバスティアンもアブド・アル・マリクも戦死したが、ポルトガル軍の完敗だった。キリスト教徒側の死者はほぼ八〇〇〇人で、捕虜は約一万五〇〇〇人に及んだ。

イベリア半島に再びイスラム軍が侵攻する畏れすら生じた。補給の関係で、これはついに実現しなかった。

むしろ、この機に乗じたのはキリスト教徒のほうである。スペインのフェリペ二世は一五八〇年にポルトガルに侵攻し、これを征服した。しかも、王は同年、トルコと平和条約を締結した。この条約は更新され、スペインとトルコとの間では和平が保たれることになった。かつてフランスのフランソワ一世もトルコと同盟条約を結んだことを思えば、一六世紀の国際政治のなかで、国家理性が重きをなしつつあったということだろう。

フランスの偉大な歴史学者フェルナン・ブローデルはこのアルカサール戦争について、

こう述べている。「地中海のキリスト教世界が最後の十字軍を送り込んだのは、レパントではなく、レパントから七年後のポルトガルによる遠征である」（浜名優美訳『地中海(10)』藤原書店）と。教皇の呼びかけによる聖戦という観点から見ると、これは必ずしも正しくない。また十字軍の必要性という面から見ても、十字軍はバルカンではなお重要性をもっていた。トルコの第二次ヴィーン攻撃（一六八三年）の際には、インノケンティウス一一世を呼びかけ人とする、十字軍同盟としての神聖同盟（一六八四―九七年）が結成されている。

しかしトルコとヨーロッパとの衝突は、このヴィーン包囲の失敗の後に取り交わされた、カルロヴィッツ条約（一六九九年）とパサロヴィッツ条約（一七一八年）によって終わっている。ここからは、さすがに教皇の手になる十字軍の派遣はない。制度化された十字軍は、一七世紀末に終了したといってよいだろう。

もっとも、聖ヨハネ騎士修道会を受けついだマルタ修道会が、一七九八年六月一三日に、エジプトに侵攻する途上のナポレオンに降伏したことをもって、その最後と見ることもできなくはない。そこで完全に中世の伝統が断ち切られるからである。

しかし、ヴィーン防衛もマルタ防衛も、その担い手の宗教的情熱や情念という点では大きく後退している。異教徒や異端に対する攻撃性や、異質な他者によってもたらされる「汚染」の「浄化」への強い欲求は、ここにはない。ヴィーン防衛は、すでにほとんど近代的意味での防衛である。もしキリスト教の攻撃的、浄化的情念が十字軍に不可欠であるとすると、本来の十字軍は、たしかにブローデルが示唆しているように、一五七八年のアルカサール戦争をもって終了したといえるだろう。私はそう考えている。

プロテスタンティズムへ

ルターが十字軍を否定し、アルカサール戦争をもって現実に本来の十字軍が終わったとすると、「十字軍の思想」の話もここで終了すると思えるかもしれない。実際、複数主義的十字軍研究者も、おおむねこのあたりでその記述を終えることが多い。話を進めたとしても、せいぜいヴィーン防衛やマルタ騎士修道会の終焉あたりまでだろう。

しかし「十字軍の思想」は、世俗化の進展によって政治の背後に潜むことになるとはいえ、まったく消え去るわけではない。それは、むしろカトリックではなく、プロテスタンティズムのほうに見出されることになる。

改めて誤解のないようにここで述べておくが、ローマ教皇の呼びかけと贖宥状の発布という形式的要件を備えた「制度化された十字軍」は、一六世紀をもってほぼ終わる。厳密に歴史学的な意味で十字軍を語ろうとするなら、これのみを十字軍と呼ぶのが穏当であろう。そうでなければ、十字軍と聖戦の区別がまったくなくなってしまう。

しかし「十字軍の思想」にもとづいて、異教徒や異端あるいは異人種に聖なる武力行使を行なうというスタイルや発想、集合意識は、そう簡単にはなくならない。制度化された十字軍が終了した後も、キリスト教の絶対性を前提とする聖戦意識や十字軍によって呼び起こされた浄化志向が、必ずしも人々の意識から消滅することはなかった。しかもそれは、十字軍を否定したはずのプロテスタンティズムのほうに強く現れる。

この点で、ルターの後継者たちは、必ずしも師の教えに忠実ではなかった。彼らは宗教戦争に関与したし、どちらかといえば神政政治的教会制度を作り上げていったからである。急進派のツヴィングリは、チューリヒの教会のうちに選民たちからなる「新しいイスラエル」を見いだした。彼はそのために自ら武装してカトリックの軍隊と戦い、戦死した。ルターは、むろん彼を批判した。

ツヴィングリ以上に戦闘的で、しかも成果をあげたのはカルヴィニズムだった。むろんカルヴィニズムも、ローマ教皇による制度化された十字軍を認めることはない。しかしカルヴァンは、この世に神聖な国家を創ろうとした。その国家は宗教的で、善悪を罰するためだけでなく、真の信仰を守るために存在するものとされた。カルヴァンが支配したジュネーヴでは神政政治が布かれ、人文主義者ミハエル・セルヴェトゥスが逮捕、焚殺された。カルヴァンの神権政治については、シュテファン・ツヴァイクの『権力とたたかう良心』(高杉一郎訳、みすず書房)がそのありさまを見事に描き出している。

カルヴァンは、神との関係では厳格だった。彼は、神の名誉が危険にさらされている場合には、人間性に払うべき考慮は皆無だと繰り返した。

この厳しさが、世界史における最初の市民革命——清教徒革命（一六四二—六〇年）をもたらし、それを勝利に導くことになった。イギリス国王および国教会と戦い、これに勝利し、ついには国王を殺害するには、強烈な宗教的確信やセクトが必要だった。それがピューリタニズム（清教主義）である。

聖者の軍隊

ピューリタニズムとは一六、一七世紀のイギリスとアメリカにおいて、イギリス国教会の改革をめざし、国教会と敵対したプロテスタント諸教派一般に対する名称である。また、その禁欲主義を指す。彼らは国教会からカトリックの残滓を一掃し、それをピュアな（清い）ものにしようとしたことから、ピューリタン（清教徒）と呼ばれるようになった。

ピューリタニズムは、教義的には徹底した聖書中心主義をとり、通例はカルヴィニズムに立脚した。一般的には、大きく長老派（プレスビテリアン）と独立派（インディペンデンツ）に分かれた。長老派は教階制度を認め、長老という職制のもとでの教会支配を容認する。国教会制度とは、「教会」の支配をめぐって対立する。これに対して、独立派はより個人主義的で、キリスト以外の者に服することを否定した。聖職者も、霊感のある者や予言能力のある者が一般会衆から選出された。

独立派はイギリス国教会からの独立を主張し、清教徒革命の中心的担い手となった。革命の指導者オリヴァー・クロムウェル（一五九九―一六五八年）もこれに属し、彼の軍隊の中核をなしたのも独立派の兵士たちだった。彼らは、いかなる世俗権力も信仰の自由を抑圧してはならないという政教分離を主張し、国教会制度に強く反対した。彼らが重視するのは、あくまで神の摂理（プロヴィデンス）だけだった。

ピューリタンは国教会との戦いを、この「摂理」の観点から正当化した。摂理にかなっていれば、戦争もまた神聖である。それゆえ、戦争は神の名のもとに戦われ、神の助けによって戦われねばならない、と。

今井宏氏によると、ピューリタニズムの信仰のもとに戦ったクロムウェルの軍隊では、兵士たちに『兵士のための問答』というパンフレットが渡され、そこには、敵を「神の敵、敬神の力の敵であり、それゆえに神は彼らを追いちらすことであろう」と記されていた。兵士たちは進軍にあたって、「神はわれらに名誉を与え」、「聖者は進軍してゆく」、「バビロンをうちこわすために」（今井宏『クロムウェルとピューリタン革命』清水書院）と賛美歌を唄ったという。

クロムウェル軍は、まさに今井氏がいうように「聖者の軍隊」だった。

「主の剣」の復活

ピューリタンの軍は、スコットランド軍との戦いで、「神は立ちあがり、敵を散らされる。神を憎む者は御前から逃げ去る。煙は必ず吹き払われ、蠟は火の前に溶ける。神に逆らう者は必ず御前に滅び去る」(「詩篇」第六八篇)と唄い、士気を鼓舞したという。戦いはクロムウェル軍の圧勝だった。今井氏によれば、この時、クロムウェルは兵士たちの進軍を一時止めて、「詩篇」第一一七篇の斉唱を命じた。「すべての国よ、主を賛美せよ。すべての民よ、主をほめたたえよ」と。

クロムウェルにとって、勝利は主の業であり、ピューリタンの正しさの証明だった。ある時、クロムウェルは下院の議長に呼びかけて、こう叫んだ。「議長、こういったことに対して、なにがいえましょうか。これらのことをなすのは肉の力でしょうか。人間の知恵か、熟慮か、強さでありましょうか。ただ主があるのみです。あえてそれ以外のことを考えようとする者とその家を神は呪うでありましょう」。

「呪う」という言葉は印象的である。一六四〇年代には、再び初期十字軍の時に好まれた「エレミア書」第四八章の「主の剣」に関する一節「主が課せられた務めをおろそかにする者は呪われよ」が復活し、語られたという。

神のために戦い、そのためには流血も辞さない。これが、戦闘的ピューリタン共通の確信だった。チャールズ一世の処刑（一六四九年一月）後、同年行なわれたアイルランド遠征で、クロムウェル軍は有名なドローエダ虐殺を行なっている。

一〇月のドローエダ攻撃について、次のような報告書がクロムウェルに送られている。

「閣下、ドローエダは占領されました。敵の死者は三三五二名で、わが軍は六四名です。……司令官であるアシュトンは殺害され、一人も命を救われませんでした」。聖職者も含めて、捕虜が多数、殺害された。これがドローエダ虐殺である。

クロムウェルの書簡によると、このとき士官は全員殺害され、兵士も一〇人に一人は殺されたが、残りはバルバドスに送られたという。バルバドスは西インド諸島に属し、一六二七年にイギリス人が植民したところである。兵士の全員が殺されたわけではないらしいが、厳しい処分であるのは確かである。クロムウェルはこのような行為を、「無実の者たちのおびただしい血でその手を染めている野蛮な悪党たちへの、神の正しい審判」と呼んで、正当化した。

クロムウェルの軍が唄った「詩篇」は、ダビデを称える詩である。旧約聖書の英雄たちは異教徒を、神の命令のもとに殺害した。これは称賛される行為であり、「主の剣」を振るうことだった。クロムウエルは、神に仕える偉大な特例があり、それは通常のモラルの作用を免除されると信じていた。彼を支えていたのは十字軍そのものではないが、その外延としての聖戦の思想、つまり「十字軍の思想」だった。

ピューリタニズムは王政復古によって勢いを失う。しかし、その残したものは大きい。「十字軍の思想」もその一つである。これは、イギリスで密《ひそ》かに生きつづけ、折があると登場する。それだけではない。ある意味でもっと重要なのは、イギリスの植民地である北米つまりアメリカにもこれが移転したことである。新しい歴史は、アメリカに移住したピューリタンとともに始まる。

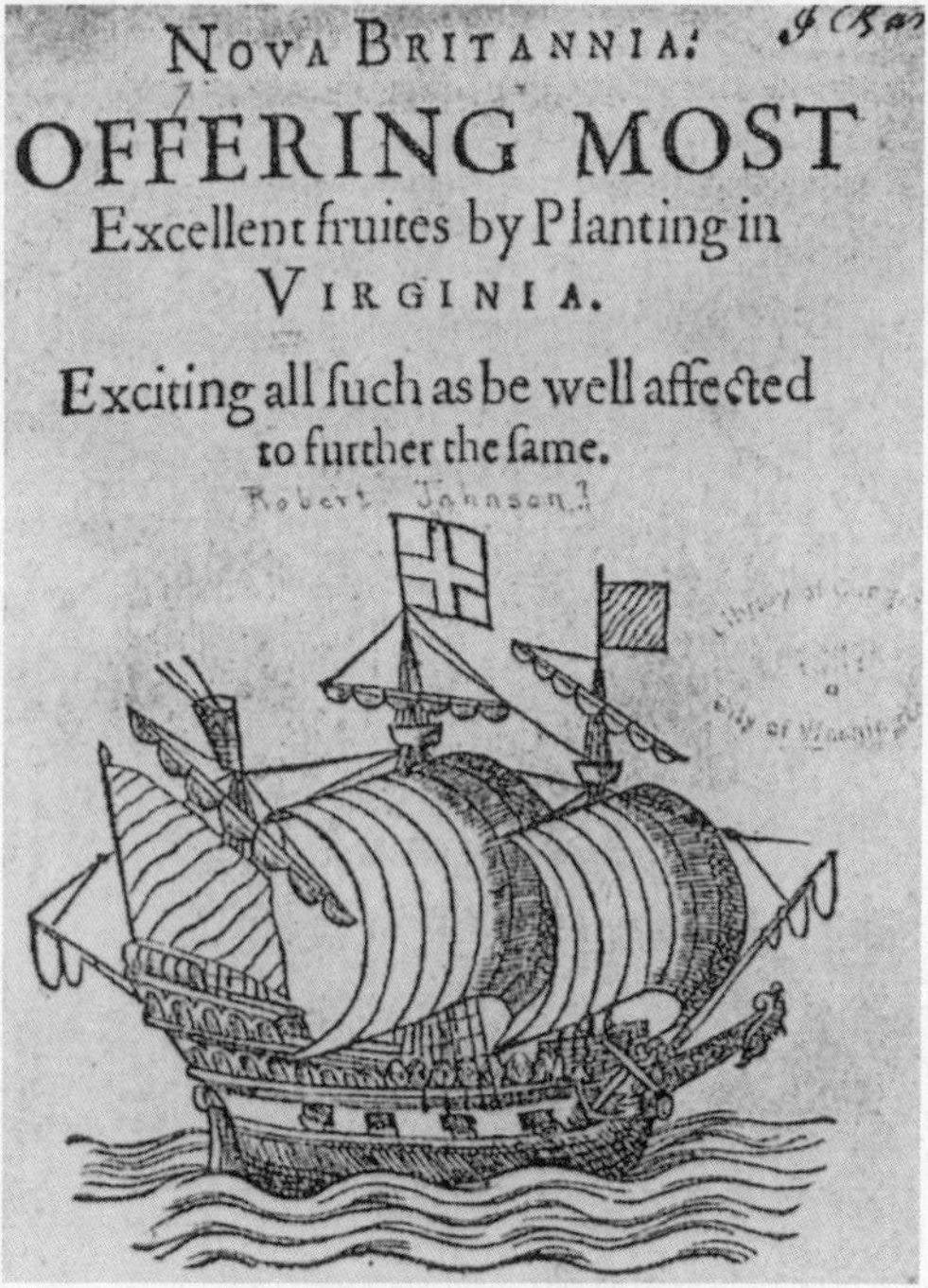

第五章

〝新しいイスラエル〟アメリカ

植民者を勧誘するヴァージニア会社のビラ（1609年）
（George Brown Tindall, David Emory Shi, "*America: A Narrative History*", W. W. Norton & Company）

Tindall & Shi

America: A Narrative History, London & New York, 1999

イギリスの歴史家ポール・ジョンソンによれば、「アメリカ合衆国の創出は人類最大の冒険」だという。「冒険」という表現が適切かどうかはともかくとして、人類最大の「事件」の一つとはいえるだろう。少なくとも二〇世紀の人類史は、アメリカ合衆国の存在を抜きにしては、到底語りえない。二一世紀はいっそう、そうなりそうである。

アメリカは合理的文明の国と考えられてきた。しかし実は、それほど合理的ではない。その建国者はピューリタンであり、ピューリタンは信仰に忠実だった。ピューリタンは、クロムウェルに見られたように、神のために戦うことを決して厭わない。

アメリカのピューリタンは「新しいイスラエル」を創り、世界の範となる「使命」を有する「選民」の意識を強くもっていた。異教徒である先住民に対する戦いも聖戦であり、十字軍であった。その精神的原型は深くアメリカを規定しつづけてきた。そして、規定しつづけている。

本章では、アメリカにおける十字軍思想の発展と特質を探ることにしたい。

合衆国の創出と十字軍

ポール・ジョンソンが、アメリカの建国について「決して忘れてはならないこと」として指摘していることがある。それは、「現在のアメリカへの植民は、はるかに大きな事業のほんの一部にすぎなかった」ということである。これを遂行したのは「ヨーロッパ大陸全体で最も優秀な人々」だった。たしかに彼らは、「クリストファー・コロンブスの言葉を借りれば」、「そもそも黄金を求めて大西洋を渡った」者たちだった。「しかし」とジョンソンはいう。「彼らは理想主義者でもあった」。

冒険を恐れぬこの若者たちは、世界をよい方に変えることができると考えていた。自分たちの活力、野望、そして理想を全うするにはヨーロッパは狭すぎる。そこで、十世紀から十三世紀にかけて、東方へ向かい、聖地やその周辺をふたたびキリスト教化し、また領地を得ようとした。宗教的な情熱、個人的な——強欲とまでは言わないものの——野望、そして冒険への渇望がないまぜとなって、何世代にもわたって十字軍を駆り立てたが、その十字軍戦士こそアメリカ大事業に携わった人々の原型である。

（別宮貞徳訳『アメリカ人の歴史I』共同通信社）

あいまいといえばあいまいな説明だが、注目されるのは、アメリカ合衆国の誕生と十字軍との関連に言及していることである。その二つに共通するのは、異教徒の土地を「キリスト教化」しようとする「宗教的情熱」である。むろん、個人的野望や冒険への渇望も並存する。だが、それは「理想」とは言わない。「世界をよい方に変えることができる」という「理想」は、「宗教的情熱」と結びついている。

アメリカへの植民を遂行した人々が、十字軍に参加した人々と同様に「理想主義者」だったという言い方には、明らかに問題がある。「理想」を押し付けられるほうは迷惑この上ない。そちらからすると、「理想」はむしろ野望、貪欲、そして残虐でしかないだろう。ポール・ジョンソンは、それに気付いていないわけではない。彼もまた、アメリカ合衆国という国家の「成り立ちの不正」について、はっきりと認識している。それどころか、「土着の民族から土地を奪い、奴隷化した人々の汗と涙によって自給自足を確保している」アメリカの「重大な過ち」について、「このような重大な過ちは、歴史の審判という天秤にかけ、正義を公平とする旨の社会の建設によって釣り合いをとらなければならない。アメリカ合衆国はそれを行っただろうか。建国時の罪を償っただろうか」（同前）と問いかけている。

先駆者スペイン

ポール・ジョンソンが投げかけた大きな問いの答えについては、その著作を読んでもらうしかない。ここでは「十字軍戦士」の末裔の「理想」と、「建国時の罪」との関係について考えてみよう。

キリスト教徒のアメリカ大陸への進出は、スペイン人やポルトガル人が先駆者だった。それはレコンキスタの延長線上にあった。このことは、コロンブスの「発見」が、グラナダ陥落と同じ年だったということが象徴的に示している。大久保桂子氏によれば、「コロンブスの新大陸到達と、その後のアメリカの探検と征服が、レコンキスタの拡大版であったように、レコンキスタの戦闘精神は、カスティーリャ人の魂であった」。(『ヨーロッパ近世の開花』中央公論社)

中南米では、征服者たちによる攻撃的で残忍な征服や殺害、加害、強奪、奴隷化が繰り広げられた。彼らの、この無法ともいえる暴力行為に憤りを覚え、厳しく批判したのが、国際人権思想の先駆者といわれる宣教師ラス・カサスである。

ラス・カサスは、神聖ローマ皇帝でスペイン国王でもあるカール五世に訴えた。国王はこの件に関する審議会を設置し、ラス・カサスとその理論的敵対者であるセプールベダに議論させることにした。場所はバリャドリードである。二人はここで、互いに高度な神学・法学理論を繰り広げた。これを「バリャドリードの論争」という。

この議論の裁定結果は不明である。だが、セプールベダがその主張を記した『第二のデモクラテス』の出版許可がおりず、一五七三年にインディオの権利を認める基本法が出されているから、ラス・カサスの主張が認められたといってよいだろう。

むろん、理由はそれだけではない。カール五世は、中南米の征服者たちが半ば封建領主として征服地に君臨して、王権のコントロールを受けようとしないことに危機感を覚えていた。国王は、自らアメリカ植民事業に携わろうとしていたらしい。

しかし、スペインはヨーロッパでの覇権争いに忙殺され、ついに本格的な植民事業に着手できずに終わる。その間隙を縫って北米に登場したのが、フランスの新教徒ユグノーだった。彼らはフロリダ北部に向かった。だが、すでに居住していたスペイン人に襲われ、これは失敗に終わる。その後、フランスは漁業基地を基点として、一七世紀初頭にはケベックを建設した。一六二〇年代には王室も乗り出し、このあたり一帯を支配する。

イギリスもこの動きに対抗した。早い段階では、イングランドの冒険家ウォーター・ローリー（一五五二―一六一八年）の活躍が目につく。ウォーター・ローリーは一五八三年にエリザベス女王からアメリカ植民の特許状を獲得し、一五八五年にはローリーが確保した地域を、ヴァージン・クイーンという女王の呼称にちなんで、ヴァージニアと呼ぶ許可を与えられた。ローリーによるこの植民活動は結局は失敗するが、一六〇七年以後に本格化する植民活動の先駆となった。

ヴァージニア会社

エリザベス一世の後継者、国王ジェイムズ一世は会社に特許状を与え、ヴァージニア会社に属する人々が入植するという方式をとった。この会社に一六〇六年に与えられたのが「ヴァージニア第一特許状」である。この憲章には、ウォーター・ローリーの時にはなかった要素が強調されている。それは、宗教である。

その第三条で、国王は、「全能の神の摂理により、その栄光を顕し、今なお暗黒無知のなかに住む民に、キリスト教と神への真の知識と礼拝を伝えるに至るべき……かかる貴い事業を嘉し、この特許状により、その希望を承認」(『原典アメリカ史』第一巻、岩波書店。一部漢字を変更した)することを定めた。

また、マサチューセッツ会社初代総督クラドックがセイレムの指導者エンディコットにあてた書簡(一六二八年二月一六日)でも、「あなたがわれわれのプランテーションの主要な目的に心を配らないことはないだろうし、インディアンに福音の知識をもたらす努力をするであろうと、われわれは信じています」と伝えている。

彼らは、しかし、どちらかといえば新天地を求める普通のイギリス人だった。彼らは宗教的動機とともに、というよりもそれ以上に、私的利害に高い価値をおいていた。一七世紀初頭イングランドの法律家で、「権利の請願」を起草したことで有名なエドワード・コークは、「私的利益という目的が植民地の建設というカヴァーの下に隠れている」と語っている。実は、名誉革命と近代民主主義の思想家ジョン・ロックもまた、植民地に投資し、そこに利害を持っていた。彼の『統治二論』の内容も、そのことと無関係とはいえない。

ウォーター・ローリーの頃は、私的利害といえば、金銀を狙う冒険を意味した。冒険家ウォーター・ローリーほど金を愛した人物、金を根気強く探した人物はいなかったとも言われている。だが、ジェームズタウンにやってきた人々は、植民と農業によって生計をたてようとしていた。彼らは、スペイン人やウォーター・ローリーのように征服や冒険ではなく、植民と農業によってアメリカを発展させた。むろん、その過程で先住民と衝突し、平和的な方法とばかりはいえない仕方でアメリカを拡大していく。

ロックの理論が生きてくるのはこの時だった。ロックは、北の十字軍やバリャドリードにおける論争で示された法理論をふまえ、農業と固く結びついた「労働」概念を根拠として、巧みに植民者の権利を正当化した。「労働」の投下されていない土地は「共有地」であり、それは新規にかつ継続的に「労働」を投下するものの所有地となる、と。

前面にあるのは、もはや「主の剣」ではない。そのことの意味はたいへん大きい。私はそう考えているが、本書の主題からは大きく離れてしまう。これは、また正戦論との関連で考えるほうが適切なので、さらに踏み込むのは別の機会ということにしよう。

さて、ロックがそうであるように、ジェームズタウンの人々とその末裔は、イギリスの伝統を尊重し、適当に世俗的常識をわきまえた人々だった。ポール・ジョンソンによると、この人々は「アメリカの伝統」の中に大きな要素を残した。「公私両面において、実用的で節度をわきまえそして創造的」な要素である。これは、記憶にとどめるべきことだろう。

ところが、彼らとまったく違うタイプのアメリカ移民もいた。一六二〇年にプリマス、一六二八年にセイレムにやってきた入植者たちである。彼らの目的は世俗的成功ではなかった。それは結果ではあったが、目的はあくまで「新しいイスラエル」を建てることだった。その試みは、また「主の剣」を伴うものでもあった。この入植者たちこそ、アメリカのもう一つの伝統――ピューリタニズムと「選民」思想にもとづく独自の「使命」感をアメリカ社会に植え付けることになる。

ピルグリム・ファーザーズ

アメリカのピューリタニズムについてはさまざまな解釈があり得る。現代アメリカの心臓部をかたどっているという見方もあれば、ヴァージニア的「伝統」や、フランクリンやジェファーソンなどによる啓蒙主義的精神の優位のもとに消失したという考え方もある。一方で、ピューリタニズムと啓蒙主義との連続性を主張する見解もあって、なかなか一筋縄ではいかない。

ごく一般的に考えると、建国期に大いに影響力を振るい、アメリカの中心部となる地域を支配したピューリタニズムが、いまアメリカという国家のなかのどこにも存在しないということはありえないだろう。それは現在も、「アメリカ精神」を構成する重要な一部に違いない。

しかしピューリタニズムといっても、アメリカの場合、二つの大きな分派があった。一つは分離派で、イギリス国教会を堕落した存在とみなし、これから分離独立することをめざした。分離派というのは、実はイギリスの独立派とほぼ同じと考えてよいが、アメリカ史では一般に分離派というので、ここでもそう呼ぶことにしよう。

もう一派は、改革の必要性を認めたが、分離せずにイギリス国教会にとどまろうとしたので、非分離派と呼ばれる。プリマス植民地の人々は分離派で、マサチューセッツ湾植民地にやってきた人々は非分離派だった。彼らはともに、契約によって改革を実現しようとした。契約はきわめて重要な要素だった。

アメリカ人の心の故郷はニューイングランドへの最初の植民者――分離派のピルグリム・ファーザーズである。この最初の植民者たちは総勢一〇二名だった。実は、彼らのすべてが敬虔なピューリタンだったわけではない。だが、その中核にあったのは、迫害を逃れてイングランドからオランダに移住し、アメリカにキリストの王国の福音を広めるために一六二〇年七月にデルフスハーフェンを出発し、イギリス経由で新世界をめざした分離派の人々だった。

メイフラワー盟約

当時、アメリカへの移住には、国王から植民地経営の特権状を得ていたヴァージニア会社の許可が必要だった。会社にヴァージニアの経営が委ねられたのは、「冒険商人」による民間投資を期待したからだといわれる。植民の契約が成立して、会社が募集した他の植民者とともに、彼らはサウザンプトンをへて、イングランドのプリマスからメイフラワー号に乗って新天地へと出発した。一六二〇年九月六日のことである。

このメイフラワー号に乗った人々をピルグリム・ファーザーズと呼ぶのは、ピルグリムが巡礼者を意味するからである。彼らの旅は、ラテン語でいうペレグリナチオ（巡礼、十字軍）だった。かつて中世のキリスト教徒たちがエルサレムに向かったように、ピルグリムたちは新しいキリストの王国を創るべくアメリカへと向かった。実際、この航海で彼らを支えたのは、「神の霊」と「神の恩恵」への信仰だった。

たしかに、メイフラワー号に乗り込んだ人々のなかには異分子もいた。途中で参加した人のなかに、上陸後は自由に行動しようとする者もいた。だが、それがかえって、彼らに歴史的な契約を取り交わさせ、後世に多大な影響を与えることになった。

船中の人々は分裂と混乱を恐れ、上陸前に「盟約」を交わし、統治の基礎を固めることにした。これが、一六二〇年の一一月一一日、ケープ・コッドで交わされた「メイフラワー盟約」である。

それを読むと、彼らの意図は明白である。メイフラワー号で航海して来たのは「神の栄光のため、キリスト教の信仰を増進するため、わが王と祖国の名誉のために、ヴァージニアの北部地方に最初の植民地を建設するため」である。それゆえ、「この証書によって、神と、お互いの前で、おごそかに、また相互に、契約を結び、一つの政治団体に結合し、いっそうよき秩序を保ち、生活を維持し、前述の目的を促進しようとする」（ウィリアム・

ブラッドフォード「プリマス植民地について」大下尚一訳『ピューリタニズム』研究社）ことを誓約する、と。

ピルグリム・ファーザーズは敬虔だった。彼らは神の前で契約を結んだ。神の前で、「正当で公正な法律」の制定を約束し、服従と遵守を約束してもいる。それはすべて、「神の栄光のため、キリスト教の信仰を増進するため」だった。彼らは新しいエルサレム、新しいイスラエルを建設することを神にかけて誓った。

マサチューセッツ湾植民地

ピルグリムの半数は、新春を迎えることなく死亡した。プリマス植民地はその後苦難を乗り越えて発達したが、一六九一年には後続のマサチューセッツ湾植民地に併合された。マサチューセッツ湾植民地は非分離派ピューリタンによって創られたもので、植民地としては、こちらの方が後発である。だが、明らかに大規模で、ニューイングランドの中核となった。

まずセイレムに入植者が入った。一六二九年にはマサチューセッツ湾会社が設立され、本格的な植民事業が展開された。なかでも重要なのは、一六三〇年にジョン・ウィンスロップ（一五八八―一六四九年）が率いた移民団である。彼らは、広範な自治を与えられ、ボストンに政庁を置いた。総督として新しい植民地作りに励んだのが、そのウィンスロップだった。

ウィンスロップの統治はマサチューセッツ湾植民地の性格を規定し、後世に大きな影響を与えた。彼の考え方をよく示しているのは、一六三〇年に航行中のアーベラ号船上で行なった説教「キリスト教徒の慈愛のひな型」である。

ウィンスロップは植民の「目的」を、「主に対して、よりいっそう奉仕」すること、「キリストの体に、安らぎと栄えが加えられるよう、わたしたちの生活を向上させること」、そして「わたしたちと子孫らが、この悪しき世の腐敗からいっそう守られ、神の聖なるおきての力と潔さのもとで、主に仕え、救いを全うする」こととしている。そのために「われわれは」、とウィンスロップは語った。「神との契約に入った」。（大下訳『ピューリタニズム』）

もしこの契約を守るなら、神はわたしたちを祝福されるであろう。「わたしたち十名が一千名の敵に対抗しうるとき、また神がわたしたちを称賛と光栄の対象となし、後に続いて建設される植民地《プランテーション》について人びとが「主なる神はこれをニューイングランドの植民地のようになし給うた」というようになるとき、イスラエルの神がわたしたちのあいだにい給うことを知るであろう。というのは、われわれは丘の上の町となり、あらゆる人の目がわれわれの上に注がれる」からである。

ここに表明されているように、新しい植民地はイングランドでは実現されていない、教会と社会のプロテスタント的改革を実現するためのものだった。迫害からの逃亡というよりも、新しいキリスト教社会の建設、神聖な共同体の完成が重要だった。

マサチューセッツ湾植民地は、自己を完成するだけでなく、さらにイングランド、そして人類の模範となることをめざした。それは「丘の上の町となり、あらゆる人の目」をひきつけるであろう。それを実現するために、彼らは神にとくに選ばれてやってきた。彼らは「選民」だった。だから、「神はわたしたちを祝福されるであろう」。

むろん、神との契約を守るための真剣な努力が、なによりも必要である。出エジプト記を真似て日記を書きつづけたウィンスロップは、説教を、モーセの言葉（「申命記」第三〇章）で次のように終えている。われわれが契約と規約を守るならば、「われらの主なる神は、われわれが行って取る地で祝福を与え給うであろう。しかし、もしわれわれが心をそむけて聞き従わず、誘われて他の神々——快楽と利益——を拝み、それに仕えるなら、今日、告げられるであろう。この広大な海を渡り、行って取るよき地で、われわれは必ず滅びるであろうと」。（大下訳）

神政政治

契約は、神との間だけで結ばれるのではない。新しいイスラエルを創るために、人々は協力して働かねばならない。

重要なのは、アメリカのプロテスタントがその際、神との契約によって「業《わざ》」の実行を約束したとする考えをもっていた、ということである。人びとは「業の契約」を果たすために日々励み、救いを確かめることができるとされた。神の一方的な選びが強調されるカルヴィニズム本来の考え方に対して、人間の「業」を強調する点で、革新的で建設的だった。

神との契約は、社会にも統治にも及ぶ。とすれば、マサチューセッツ湾植民地の政治もまた、すぐれて宗教的でなければならない。神政政治と呼ばれる体制がここに築かれた。

植民地では、自由市民の選出する総督と十数人の幹部である参議員が統治を担った。一方、自治制度として、自由市民が全員参加するタウンミーティングがあった。タウンには一つの教会があり、それは神の民の集会である。その構成員だけがタウンの自由市民たりえた。このタウンの代表者たちがボストンの下院を構成し、参議員は上院を構成した。自由市民の選出する総督と議会とタウンミーティングという制度は民主的だった。

だが、その総督も自由市民もピューリタンで、政治は人類の模範、「丘の上の町」となることを目標とした。政治はカルヴァンのジュネーヴのように、神政的だった。

教会や聖職者が統治者となって政治を支配したわけではない。教会や聖職者が、制度的に大きな力をもたないのがプロテスタンティズムの特徴である。政治と宗教は分離されている。

だが、政治の目的が「丘の上の町」をつくることにある以上、政治はその一翼を担った。総督は非ピューリタンに教会への出席を強要し、誤った教説を唱えることを禁じた。一六三六年のハッチンソン事件（契約の恩恵性だけを重視したアン・ハッチンソンが、誤謬の説のゆえに裁判によって追放された事件。令状を発し立ち去ることを命じたのは、総督だった）は、その有名な例である。有力な牧師や説教家が政治と統治に影響を与えた。それは、日々の日常生活にまで及んだ。

ピューリタンの指導的牧師ジョン・コットンは、「政府の権限」について語りながら、その理論を家庭にあてはめていう。神が与えてくれるだけの自由は必要だが、「夫婦とも正しく監視し、男にも女にも、神が与え給うた以上の自由を与えてはならない。なぜなら、夫も妻もその自由を濫用するからである。悪魔は彼らを誘惑し、神の摂理は彼らを導く。それゆえに、神が与え給う以上の自由を与えてはならない」（大下尚一訳『ピューリタニズム』）と。

この一文を読むと、ホーソーンの『緋文字』が思いおこされるだろう。舞台は一六四〇年代のボストンで、そこでは姦通は犯罪だった。その罪を犯して子を産んだヘスター・プリンに、裁判はその罪の印として生涯、Aという緋文字をつけるように命じた。判決はまた、処刑台に三時間、ヘスターをさらすこととした。ヘスターは台の上で、衆人環視の重圧を逃れるためか、無意識のうちに多くの幻をみた。しかし、その幻も長くは続かない。

最後に、こういう変転する幻にとってかわって、清教徒植民地の粗野な広場の情景がもどってきた。町中の人が集まり、そのけわしい視線が、幼児を腕に、金色であでやかにかかげられた緋文字のAの字を胸につけたヘスター・プリンに——そう、彼女自身に向けられているのだった。(ホーソーン、八木敏雄訳『緋文字』岩波文庫)

このようなことは文学的想像の産物ではない。実際に姦通で鞭打ちにされたうえ、姦通を意味するAD(Adultery)という文字をつけて、町中を引きずりまわされた女性がいたという事実がポール・ジョンソンによって報告されている。

セイレムの魔女裁判

ホーソーンは、マサチューセッツ移民団が最初に入植した町セイレムの出身である。八木敏雄氏の指摘によると、セイレム(Salem)という町の名は、エルサレム(Jerusalem)の後半部にあるsalemに由来するという。いかにも、新しいエルサレムの建設を目指したピューリタンにふさわしい名である。

このセイレムには、有名な魔女裁判事件があった。その判事のなかに、ホーソーンの先祖がいたこともよく知られている。

セイレムの魔女裁判とは、一六九二年にセイレムの町に起こった魔女騒動で、ある牧師の二人の少女が異常な痙攣に襲われたことに端を発する。ヒステリー症状はもっと多くの少女たちにも拡大した。少女たちは魔術をかけられたと訴え、総督は特別法廷を設置した。その結果、女性一四人と男性五人が絞首刑となり、その他、獄死者も数名出るにいたった。しかし魔女の告発は終わらず、それがボストンの有力者、総督の夫人にまで及んだのをみて、総督は法廷を閉鎖した。そのときに釈放された囚人数は一五〇人を超えた。

一七世紀末に起きたこの事件は、きわめて異様だった。ヨーロッパ大陸でもいわゆる魔女狩りは燃え盛ったが、それは一七世紀半ばには下火になっていた。この時期にこれほどの規模で魔女裁判が現れたのは、たしかに注目される。少なからぬ人々が、その理由をピューリタニズムのうちに求めた。とりわけ目を引くのは、「セールスマンの死」などで有名な劇作家アーサー・ミラーである。

セイレムの魔女裁判を素材とした戯曲「るつぼ」の第一幕「序曲」は、ナレーションから始まる。そこでのセイレムについての説明は、実に鮮やかである。ナレーションはいう。「セイレムが「開かれてからまだ四十年は経っていなかった。ヨーロッパの世界にはこの地域一体は狂信的な宗派の住む野蛮な辺境で、しかしながら徐々に量も価値もふえつつある産物を出荷している土地と思われていた」。（菅原卓訳「るつぼ」『アーサー・ミラー全集

Ⅱ』早川書房）

セイレムに暮らす住民の「宗旨は劇場や「くだらない娯楽」に類するものをすべて禁じていた。住民はクリスマスのお祝いもしなかったし、仕事を休む休日とは、ただ平常にも増して祈りに集中しなければならない日だった」。その地は、たしかに辺境だった。未開地は暗く、そこからインディアン（アメリカ先住民）がときどき略奪のために襲撃してきた。ここの教区民で、「身寄りをこれらの異教徒に奪われた者が多かった」。インディアンの改宗に失敗した原因の一部は、セイレムの住民が偏狭な気位を持っていたためである。しかも住民は土地を、異教徒のインディアンから奪ったようだ。とにかく、改宗したインディアンはほんのわずかだった。「セイレムの住民は原始林を悪魔の最後の領分であり、悪魔の基地であり、悪魔の最後の抵抗の拠点であると信じていた。彼等の知る限りでは、アメリカの森は神に敬意を払わぬ地上最後の場所だった」。

こういう理由で、他の理由もあったが、セイレムの住民は生まれつきの抵抗精神、いや迫害精神ともいえるものを持っていた。もちろん、彼等の父は英国で迫害された。そこで今度は、彼等とその教会は違う宗派に自由を与えないことを必要だと思った。彼等の新しいエルサレムが、間違った方法や世を惑わす考え方によって汚されることを恐れたのである。（同前）

ミラーにとってもわれわれにとっても、大事なことは、このような「汚されること」への恐れ、選民である自分たちの正しさへの信念が、かつてのセイレムに限定されるものではないということである。「つまり、セイレムの住民は自分達の不動の手に世界を照らす蠟燭を持っていると信じていた。わたし達アメリカ国民は今日に到るまでこの信念を受けつぎ、この信念に益されても来、害されても来た」とミラーはいう。ミラーにそう書かせたのは、一九五〇年代の「赤狩り」――マッカーシズムだった。

コットン・マザー

セイレムの魔女裁判の背景には、真面目だが暗く、浄化主義的なピューリタニズムがあった。むろん、これだけでセイレムの魔女裁判を理解することはできない。そのほかに考慮しなければならないことはいくつもある。すべてをピューリタニズムのせいにするのは明らかに不当である。ただ、それが重要な要因の一つだったのは間違いない。

裁判所は事態の推移をみて、当然のように、ある名門の敬虔な牧師の意見を聞いた。照会されたのは、コットン・マザー(一六六三―一七二八年)という人物だった。彼はニューイングランドの若き知的・精神的エリートで、自然科学にも造詣が深かった。今日からみると驚くべきことに、彼は魔女の存在を認めた。彼の認識は、一連の判決に大きな影響を与えた。

コットン・マザーの父はインクリースといい、やはり著名な牧師だった。ハーヴァード・カレッジの学長も務めている。植民地に与えられた特権を守るための、英国への使節団にも加わっていた。魔女騒動が起こったのは、彼がニューイングランドを離れていた、この時期である。

名門のインテリ、コットン・マザーは、魔女裁判に積極的に関与した。コットンは魔女裁判について実は慎重で、行き過ぎないように注意を払ったという好意的解釈もないわけではない。しかし一般的には、彼が魔女裁判に実効性と確信を与える役割を果たしたといわれる。

結局この裁判は終結し、その後、誤りが認められた。遺族には賠償金も支払われた。裁判の終結には、コットンの父が書いた『悪霊に関する良心の問題』(一六九三年)が大きな役割を果したといわれる。コットン・マザーの権威は失墜した。

しかし、コットン・マザーはある意味で、アメリカ初期ピューリタニズムの精神を体現する人物だった。魔女は悪魔の存在を前提とする。ピューリタンにとって、アメリカはかつて悪魔と異教徒の国、荒野であり、その地を神の支配する国に変えること、そのために選ばれた民であるピューリタンが悪魔やその手先と戦うのは、その本来の「使命」だと考えられていた。

それゆえアメリカで異教徒であるインディアンを改宗させることと、彼らが頑迷かつ凶暴でそれができない場合には、彼らと戦い、これを服従させ、抑圧することもまた正しい行為とみなされていた。

魔女と悪魔の存在を信じていたコットン・マザーは、また神の戦争の熱烈な支持者だった。彼は、「北部及び南部のインディアンに対するニューイングランドの正戦に従事する軍隊の一部に対して行なわれた説教」（一六八九年九月一日）で、次のように語った。

ニューイングランドの入植者は、その全国土を正当でフェアな購入によって獲得した。それはスペイン人のように、侵略によるものではない。しかしインディアンは、「不誠実で野蛮な敵である」。インディアンは「まさに本物の虎」であり、兵士たちは「荒野のなかで、このイスラエルを悩ませているアマレク」と戦うために出発しなければならない、と。

アマレクとは、『旧約聖書』の「出エジプト記」に登場するイスラエルの敵のことである。「アマレクがレフィディムに来てイスラエルと戦った」という話である。「モーセはヨシュアに言った。「男子を選び出し、アマレクとの戦いに出陣させるがよい。明日、わたしは神の杖を手に持って、丘の頂きに立つ」」。ヨシュアはモーセの命じたとおりに実行し、アマレクと戦い、「アマレクとその民を剣にかけて打ち破った」。そこで、主はモーセに言われた。

「このことを文書に書き記して記念とし、また、ヨシュアに読み聞かせよ。「わたしは、アマレクの記憶を天の下から完全に拭いさる」と」

モーセは祭壇を築いて、それを「主はわが旗」と名付けて、言った。

「彼らは主の御座に背いて手を上げた。

主は代々アマレクと戦われる。」（「出エジプト記」第一七章第一四―一六節）

新しいイスラエル＝アメリカでアマレクと主の命令のもとに戦うのは、むろんピューリタンである。

『マグナリア』

コットン・マザーは、このアマレクに比せられるインディアンとの戦いを含む、壮大なニューイングランド史を書いている。『マグナリア』、つまり『アメリカにおけるキリストの偉大なる御業《みわざ》、または一六二〇年の最初の植民から主の年一六九八年にいたるニューイングランド教会史』（一七〇二年）である。

興味深いことに、この表題は、ギベールの十字軍史『フランク人による神の御業《みわざ》』（第三章参照）と似ている。ギベールの「神の御業」はゲスタ・デイの訳だが、これとマグナリアはほぼ同じ意味と考えてよい。思考形態が似ているということだろう。

『マグナリア』はアメリカ文学史に名を留める名作で、「堕落したヨーロッパからアメリカのなぎさにまで飛んできたキリスト教の不思議」を書き綴ったものである。

その第七巻は「主の戦い」と題され、「さまざまな敵による、ニューイングランドにおける教会の多くの災厄と動揺及びそれからの救済に見られる神の素晴らしい方法と慈悲の歴史」を描いている。これには付録として、「ニューイングランドが一六八八年から一六九八年までにインディアンという野蛮人との戦争で有した注目すべき事件」が付いている。

この第七巻第六章には、インディアンの一族であるピーコット族との「ピーコット戦争」（一六三六―三七年）や、大酋長フィリップとの「フィリップ王戦争」（一六七六―七七年）に関する記述が含まれている。ともに植民地側が勝利した著名な戦争である。

コットン・マザーにとって、これは主の戦であり、神の戦争だった。それは「ピーコット戦争」の記述から明らかである。その記述は、植民地が拡大した結果、「悪魔」は警戒心を引き起こし、主イエス・キリストによるこの地への支配に反対しようとした、という言葉で始まり、こう続いている。

これらの地域はその時、野蛮なインディアンや異教徒の諸族からなっていた。彼らに霊として作用していたのは、魔王だった。悲惨な者たちからなる諸族の全宗教は明らかに悪魔崇拝だったから、この諸族が、ニューイングランドの利益であると同時に悪魔の不利益となる、わが植民地を消滅させるために、悪魔に誘われて活動するのは自明だった。諸族がそのような活動をしないことは期待できなかった。これらの諸族のなかでも、とりわけ残虐で、好戦的で、力があり、その隣人の大きな恐怖となったのがピーコット族だった。（『マグナリア』第七巻第六章）

このピーコット族との戦いで、植民地側の兵士たちはインディアンの要塞を襲い、家々に火を放った。それから、要塞の周りを包囲した。風が火をあおり、「復讐の炎」のうちに多くの者が「照り焼きにされ、死亡した」。柵の上に這い上がった者たちは格好の標的となった。外へ出ようとした者たちも、待ち構えていた「イギリス人たちによって殺害された」。この戦闘で死んだピューリタンはわずか二名にすぎない。「この記念すべき戦闘が行なわれたのは、一六三七年五月二〇日、金曜日だった」。

根本治氏によれば、これはなお真実を隠した記述で、植民者たちは実はほとんど戦士のいない砦を襲ったという（「コットン・マザーの戦記について」『イデオロギーとアメリカン・テクスト』中央大学出版部）。マザーは意図的にその事実を隠し、戦いを「やむを得ぬ予防戦争」に仕立てた、ということになる。

マザーにはそうとしか見えなかったかもしれないから、意図的とまでいえるかどうかは私にはわからない。だが重要なことは、『マグナリア』の記述でも十分に迫真的だということである。そのありさまは、エルサレムやリヴォニア、そしてプロイセンで十字軍の戦士たちが行なったこととほとんど変わらない。悪魔とその手先に汚された地を浄化することとは、神の意思にかなったことだった。そのために異教徒を殺すことは、神聖な行為ですらある。その意味で、歴史家ベイントンが記しているように、コットン・マザーにとってもまた、「原住民の根絶は十字軍だった」。

一八世紀のアメリカ

コットン・マザーの記述は、ピューリタンのアメリカ正史の趣がある。だが、この時期には、すでにアメリカの新しい時代が始まりつつあった。宗教や禁欲よりも利益と物質、享楽への志向が強まりつつあった。コットン・マザーはそれに危機感を覚えて『マグナリア』を記した。

だが、十字軍思想は受け継がれていた。ピューリタンたちは奴隷を使役し、先住民の虐殺を続けた。すでに、ピルグリムとともにアメリカに渡り植民地軍大将となったマイルス・スタンディッシュはインディアンたちを村に集めて、全員を焼き殺していた。一九世紀アメリカでもっとも人気のあった詩人ロングフェローは、スタンディッシュを恋愛の絡む主人公に仕立て、インディアンに町を焼かせている。だが、少なくともその逆があったということは、知っておく必要があるだろう。

コットン・マザーが一七〇九年に行なった説教の題目は「テオポリス　アメリカーナ」つまり「神の国アメリカ」だった。一八世紀のアメリカは、その精神を絶やすことはなかった。たとえばヘンリ・ギッブスは、一七〇四年に「カナーンにおいてイスラエルの敵を根絶する神の慈悲」を称え、「メロズを呪え」という言葉でその説教を締めくくっている。それは、「士師記」に表れる言葉だった。

主の御使いは言った。
「メロズを呪え、その住民を激しく呪え。
彼らは主を助けに来なかった。
勇士と共に主を助けに来なかった。」（「士師記」第五章第二三節）

一八世紀になって、インディアンとフランス人、つまり「反キリストの手先、フランスの教皇主義者」が同盟したことも厳しく論難された。全能の主の命により、イスラエル人はカナーンの諸族と戦争をした。神は、イスラエルの王サウルが神の命に背いてアマレクを完全に滅亡させなかったことに不快を覚えたということが、暗喩として語られた。『聖書』にはこうある。

万軍の主はこう言われる。イスラエルがエジプトから上ってくる道でアマレクが仕掛けて妨害した行為を、わたしは罰することにした。行け。アマレクを討ち、アマレクに属するものは一切、滅ぼし尽くせ。男も女も、子供も乳飲み子も、牛も羊も、らくだもろばも打ち殺せ。容赦してはならない。(「サムエル記上」第一五章第二―三節)

サウルはアマレクの王を生け捕りにし、その民をことごとく剣にかけて滅ぼした。だが、王と最上級の牛や羊を残した。神はこの行為を非難した。「主の言葉がサムエルに臨んだ。「わたしはサウルを王に立てたことを悔やむ。彼はわたしに背を向け、わたしの命令を果たさない」」(「サムエル記上」第一五章第一〇―一一節)。サウルは後にペリシテ人に敗れて自刃し、その遺体はベト・シャンの城壁にさらされた。

インディアンはアマレクだった。フランス人は反キリストだった。ジェームズ・コグスウェルという牧師は、ある説教でこう語った。「アメリカの宗教と自由の守護者の任務を果たせ。反キリストに敵対し、われわれの仲間の野蛮な虐殺を妨げるように務めよ」と。モントリオールが一七六〇年に陥落したときも、不誠実な原住民と背信の教皇主義者に対する勝利の喜びのうちに、「主はわれらの力」が唄われたという。

エレミアの嘆き

十字軍思想の連続性ということでいえば、アメリカ文学史の革新者サクヴァン・バーコヴィッチの名をあげないわけにはいかないであろう。バーコヴィッチ自身は、十字軍思想という言葉を使ってはいないし、むしろそれを抑えている。だがニューイングランドで育まれた思想パターン（型）が、アメリカ文学史というよりもアメリカ史そのものを貫いているという彼の認識は、おおいに参考になる。

バーコヴィッチはアメリカ史を貫く支配的文化を読み解くキーワードとして、「アメリカ的エレミアの嘆き（The American Jeremiad）」という言葉を使っている。彼は「エレミアの嘆き」という言葉を説明するのに、ウィンスロップの説教「キリスト教徒の慈愛のひな型」を用いている。それは、理想的社会生活と現実との間に緊張関係をもたらすことで人々を統合しようとする方法である。エレミアとは『旧約聖書』で預言者として現れるエレミア、「主の剣」の言葉を神から与えられた、あの人物のことである。

神は、エルサレムに住む人々に告げるようにと、エレミアにこう語られた。イスラエルは奴隷ではないのに、なぜ捕らわれの身になったのか。彼の地は荒れ地とされ、町々は焼き払われて、住む人もなくなった。

それは、「あなたの神なる主が、旅路を導かれたとき、あなたが主を捨てたので、このことがあなたの身に及んだのではないか」。「あなたの犯した悪が、あなたを懲らしめ、あなたの背信が、あなたを責めている。あなたが、わたしを畏れず、あなたの神である主を捨てたことがいかに悪く、苦いことであるかを味わい知るがよいと、万軍の主なる神は言われる」。

「あなたは久しい昔に軛を折り、手綱を振り切って、「わたしは仕えることはしない」と言った。あなたは高い丘の上、緑の木の下と見ればどこにでも、身を横たえて遊女となる」。

神はさらに、こう続けた。

わたしはあなたを、甘いぶどうを実らせる
確かな種として植えたのに
どうして、わたしに背いて
悪い野ぶどうに変わり果てたのか。(「エレミア書」第二章第二一節)

これが、エレミアの嘆きである。バーコヴィッチの認識によると、エレミアの嘆きはヨーロッパでは、神の意思にそむく、この世の出来事への嘆きだった。それは、人びと、共同体、国民、文明、人類の罪、人類の悪しき行動を一方的に非難した。神に従い、神の怒りを恐れることだけが重視され、強調された。

ところがアメリカでは、エレミアの嘆きがめざしたのは、危険にさらされた神の選民を神が予定した運命へと向けることに、個人的には救済へ、集団的にはアメリカという神の国へと導くことだった。

アメリカのピューリタンには「使命」があった。彼等は神の神聖な企画の道具であり、そのための選民だった。神の怒りは、その使命を実現しないことへの懲罰で、破壊ではなく、あくまで矯正だった。アメリカ人はその矯正に服し、自らの業を実現すべきだった。現実と未来は、決して暗くない。成功は、その業の正しさの証明であり、神の使命の実現だった。

アメリカにおける「エレミアの嘆き」にあっては、理想と現実の合一化への動き、恐怖と希望が同居した。

それを可能にしたのはレトリックである。「新しいイスラエル」は、本来期待された意味では建設・完成されなかった。だが概念を広げることで、その目標は生きつづけることができた。

「新しい選民」「丘の上の町」「約束の地」「運命づけられている進歩」「新しいエデン」「アメリカのエルサレム」という、曖昧で柔軟なレトリックと比喩が巧みに機能した。それは、アメリカ精神の重要な構成要素となった。そして、そうありつづけている。

聖と俗

選民が異教徒たちと戦い、ついには勝利を収めるという図式が、アメリカ精神の「型」のなかに存在する。アメリカは神の使命を帯びた特別の国である。その歩みは神の約束の達成にほかならない。『旧約聖書』は現実のアメリカの比喩、つまりメタファーだった。

エレミアの嘆きは、より正しい神の世界への衝動である。アメリカは、この世の不純を正し、悪魔に対する主の戦いを遂行するエレミアの徒であり、コットン・マザーがウィンスロップにその役割を与えたネヘミアの徒にほかならない。ネヘミアとは『旧約聖書』に登場するユダヤの総督で、ユダヤ教の確立に努めた人物のことである。

たしかに、「嘆き」の観点からすると、セイレムの魔女裁判もまた、堕落に対する神の試練にほかならなかったかもしれない。コットン・マザーが真剣にこの問題に取り組んだのもそのためである。

バーコヴィッチはこの観点から、アメリカ大陸でイギリス軍と、フランスおよびインディアン連合軍との間で行われたフレンチ・インディアン戦争について、それはイギリスの勝利であるだけでなく、「アメリカ的エレミアの嘆きというレトリック」の勝利だという。

古い技術を商業的、軍事的、領土的目的に適応させながら、つまり帝国主義を聖戦の名のもとに覆い隠しつつ、聖職者たちは、植民地の人々をカトリックという荒野に対するアングロ・プロテスタント的使命へと召集した。フランス人は「緋色の女」（『ヨハネの黙示録』第一七章に記されている淫婦）であり、フランス・カナダは「北アメリカのバビロン」だった。侵略それ自体は、「神の子羊と野獣との間の決定的な大衝突」、ハルマゲドンの予兆だった。

ここにはアメリカ的終末論があった。フランス・カナダの終焉は「最もめざましい革命」だった。その確認をしたパリ条約（一七六三年）は、「千年王国に関連した、聖書の預言の完遂」だった。

同様のことは独立戦争でも主張された。それまで、反キリストはフランスであったのに、今度は英国がその対象となった。悪魔はその矛先を偽りの教会から独裁国家（英国）に向け、その結果、いまや英国が反キリストとなった。柳生望氏（井門富二夫編『アメリカの宗教伝統と文化』大明堂）によれば、サムエル・シャーウッドの説教「荒野への教会の脱出」はその代表的表現である。それは、「黙示録」第一二章の預言をテクストとする。

シャーウッドは、龍が荒野へと逃れた女に戦いを挑んだという記述をさして、「女」は神の教会と困難な状況のもとにあるアメリカを、「龍」は反キリストの英国をさし、神がアメリカを救うという。龍と女の戦いは独立戦争を意味した。それは、シャーウッドにとって、「悪魔的圧制からの解放の聖戦」だった。シャーウッドは、柳生氏が指摘するように、「革命に一七世紀の父祖の黙示的性格を与えて、彼らが神とサタンとの宇宙的戦いに加わっているとの意識を与えようとした」のである。

ネブカドネツァルの夢とアメリカ帝国

選ばれた民とその神の国（テオポリス）アメリカというメタファーは、聖書の記述のうちにその姿を発見した。テオポリス・アメリカーナは、言わば神の国として世界に範をたれ、その使命を果たさねばならない。それは新しいイスラエルであり、新世界であり、最後の永遠の「帝国」だった。この帝国という認識は、一八世紀半ばにはすでに意識されていた。

最後の帝国の思想は、実はヨーロッパ中世以来、「ダニエル書」に登場する黙示録的世界帝国論によって引き継がれてきた。それは知者ダニエルによる、ネブカドネツァルの夢の解釈にもとづくものだった。その夢とは、次のようなものだった。

王様、あなたは一つの像を御覧になりました。それは巨大で、異常に輝き、あなたの前に立ち、見るも恐ろしいものでした。それは頭が純金、胸と腕が銀、腹と腿《もも》が青銅、すねが鉄、足は一部が鉄、一部が陶土でできていました。見ておられると、一つの石が人手によらずに切り出され、その像の鉄と陶土の足を打ち砕きました。鉄も陶土も、青銅も銀も金も共に砕け、夏の打穀場のもみ殻のようになり、風に吹き払われ、跡形もなくなりました。その像を打った石は大きな山となり、全地に広がったのです。これが王様が御覧になった夢です。さて、その解釈をいたしましょう。(「ダニエル書」第二章第三一―三六節)

ダニエルの解釈は、金の国がネブカドネツァルのバビロニアであり、それに続いて第二、第三、第四の国が興り、最後に神の国が現れるというものだった。ネブカドネツァルは、これを聞いてダニエルに信服した。

「ダニエル書」はまた、ダニエルの見た夢も伝えている。その夢では「四頭の大きな獣」が登場する。第一のものは獅子だった。第二のものは熊で、第三のものは豹《ひょう》である。第四の獣には名がない。ただ「ものすごく、恐ろしく、非常に強く、巨大な鉄の歯を持ち、食らい、かみ砕き、残りを足で踏みにじった」。

古代ローマの教父ヒエロニムスは『ダニエル書註解』で、この四つに解釈を施し、第一のものをバビロニア帝国、第二のものをペルシア帝国、第三のものをギリシア帝国、第四の国と獣をローマ帝国と解釈した。また、第四の国の崩壊が神の国の出現と重なっていることを根拠に、ローマ帝国は終末にいたるまで存続するだろうと主張した。

一二世紀になると、フライジングの司祭オットーは「帝国移転の理論」を用いて、世界を支配する帝国が古代ローマ帝国から東ローマ帝国、そしてカール大帝のフランク帝国を経て、最後にオットー大帝の神聖ローマ帝国に移転したという説を唱えた。この思想は神聖ローマ帝国の永遠の支配を示すために利用され、宗教改革時においても、プロテスタント神学者メランヒトンの記した『カリオン年代記』(一五三一年)に登場する。

バーコヴィッチによると、一八世紀のアメリカはこれを知っていた。「帝国の移転」は「帝国の西進」と理解された。帝国は西へ、西へと移動し、ついにアメリカに至る。人びとは「ダニエル書」をアメリカ流に解釈した。

アメリカは「さまざまな古代の預言」の「完全な実現」を示す帝国と理解された。アメリカは「天命」をもった「帝国」として残余の世界に君臨し、法を与える存在だった。それは、「自由の帝国」であり、「理性の帝国」、「愛の帝国」、そして「偉大で強力な帝国、世界がかつてみたことのない最大の帝国」と意識された。「帝国」はヨーロッパからアメリカへと移った。東から西へと移った。

西へ西へと領土を拡大し帝国を築くこと、フロンティアを次々と西進させること、これがアメリカの「明白な運命」となった。多くの人びとは、「西へ!」の言葉のもとに西部へと進んでいった。一八六一年に米国議会下院の壁画の執筆を依頼されたエマニュエル・ロイツェの一枚の絵は、その運命を鮮やかに、しかも肯定的に力強く描きだしている。

(*Amerikastudien*, Volume 41.2 (1996), Wilhelm Fink Verlag, München)

「帝国の進路は西にあり Westward the Course of Empire Takes Its Way」がその表題であった（挿絵）。

第六章

近代の十字軍思想

『エジプト誌』(1809-28年) の挿絵として掲載された〝ファラオの遺跡とナポレオン軍〟(Peter Partner, "*God of Battles: Holy Wars of Christianity and Islam*", Princeton University Press)

Desmond Seward
The Monks of War, Penguin Books, 1995

十字軍の思想は、その本質としてキリスト教的性格を強くもっている。アメリカはこれを独特の形で引き継いだ。ところがヨーロッパでは、近世紀啓蒙主義による宗教的狂信の否定を媒介として、十字軍のイメージが大きく変化する。十字軍の世俗化、ロマン化である。イメージの中で世俗化された十字軍は、オリエンタリズムと結合し、しばしば植民地主義や一種の政治的ロマン主義と連結した。「アラビアのロレンス」伝説がロマンの香りに包まれたのも、その一つの作用であろう。

しかしこれは、イギリスの植民地政策と表裏の関係にあった。そのなかから、しばしば「十字軍国家」と非難されるイスラエルが登場する。

そのイスラエルを支持しつづけるアメリカは、二〇世紀に入って、どのようなかたちで「十字軍の思想」と関わっているのだろうか。その宗教性はなお維持されるのだろうか。本章では、ヨーロッパにおける十字軍のロマン化を考察し、その後にアメリカに目を向けてみることにしたい。

啓蒙主義

十字軍の思想はアメリカに受けつがれ、大きな力をもった。しかし一八世紀ヨーロッパの著名な啓蒙主義者たち――ヴォルテール、ディドロ、ギボンなどは、すでにこれを否定していた。彼らはみな、十字軍を愚かしい行為、狂信的行為と批判している。ヨーロッパはこの批判を通じて、十字軍を宗教の観点から賞賛することをやめる。

ヴォルテールは『諸国民の風俗と精神について』(一七五六年)における「十字軍史」で、フリードリヒ一世や二世などを称えつつも、「十字軍への狂気」の存在を指摘した。彼にとって十字軍は無駄で、無意味なものでしかない。『旧約聖書』のヨシュアの戦いは「原始的な宗教的偽善」にすぎず、十字軍は宗教、貪欲、精神のいらだちに由来する。

ディドロは『百科全書』に十字軍の項目をたて、ヴォルテールと同じ線で記述した。「十字軍は、聖地を回復するために、または異端と異教を根絶するためにキリスト教徒によって行なわれた戦争」で、「愚かさと誤った熱意」、そして政治的な利害に動かされ、不寛容、無知、暴力、教会によって支えられた。そもそも、エルサレムのキリスト教徒は信仰を妨げられていなかった。だから、エルサレムを占領する必要などなかった。ヨーロッパから戦士が押しよせ、パレスチナの住民を襲い、そののどを切り裂くまでもなかった。エルサレムの一片の岩は「血の一滴」にも値しない、と。

十字軍に関する冷静な記述という点では、ギボンもまた引けをとらない。彼は『ローマ帝国衰亡史』で数章にわたって十字軍史を描き、フランク人についてもイスラム教徒についても、まさに啓蒙的理性を適切に行使して、バランスよく事実を記述している。十字軍時代のヨーロッパのラテン人とギリシア人、アラブ人を文化水準の観点から考察するなら、「われわれの粗野な先祖」は「第三位の地位」に甘んじなければならないというくだりなどは、見事なものである。

彼はその観点から、「十字軍の原理」を「野蛮な狂信主義」と規定している。そうであった以上、その結果はその原因と同じで、野蛮で狂信的だった。巡礼者はみなギリシアとパレスチナの聖遺物を携えて帰国することに夢中であった。この聖遺物の前後には一連の奇蹟と幻影が立ちこめた。だから、「もしも九世紀と十世紀が暗黒時代と呼ばれるならば、十三世紀と十四世紀は不条理と伝説の時代であった」。（中野好夫訳、第六一章）

ギボンのいうところによれば、彼以前の哲学者は十字軍という「聖戦」の好ましい影響力を賛美してきた。だが、彼はそう考えない。「東方世界でその屍を野辺に曝した何百万人の生命と労務は、彼らの生まれ故郷の改善に一層有用に役立てられたはずであるし、勤労と富の蓄積された資本は定めし海運や通商へと満ち溢れたことであろう」。（同前）

ロマン化される十字軍

啓蒙主義は十字軍の宗教的狂信性を暴き、否定した。宗教の支配力が弱まった近代ヨーロッパは、この批判を否定しなかった。だが、十字軍を完全に否定することはなかった。そうすることは、自分たちの過去を全面的に抹殺することになりかねないからである。そこで、十字軍には別の回路が用意された。脱宗教化した十字軍イメージである。

一九世紀ヨーロッパは十字軍をロマン化した。宗教的狂信から切り離され、英雄たちのロマンのなかに位置付けられることによって、十字軍は人々のイメージのなかで良好な位置を獲得する。

十字軍のロマン化と好印象化にもっとも貢献したのは、イギリスの歴史小説家サー・ウォルター・スコット（一七七一―一八三二年）だろう。

スコットの代表作『アイヴァンホー』（一八二〇年）は、イングランド国王リチャード一世とともに十字軍に出かけた騎士アイヴァンホーを主役とする物語である。十字軍そのものは直接の対象ではないが、リチャード王や騎士修道会などの話が軸となることで、十字軍が間接的に描かれている。とくに騎士の生き方との関わりが強く描かれているので、十字軍のイメージを騎士道と結びつけるうえで大きな役割を果たした。

さらにスコットは、この物語に騎士道的恋愛を配置し、十字軍のロマン化を推進した。『アイヴァンホー』の主役の一人ともいえるレベッカはユダヤ人で、アイヴァンホーに恋心を抱く。騎士アイヴァンホーの敵役は、テンプル騎士修道会のギルベールである。彼も、このレベッカに邪心をもった。このギルベールはまた、十字軍の帰途に捕えられた国王リチャード獅子心王にとって代わろうと策謀する弟ジョン（ジョン欠地王）の腹心である。物語はさらに、アイヴァンホーの妻となるサクソン人の姫ロウィーナとの絡みの中で展開する。ここでは、十字軍の宗教的性格はほとんど無視されている。騎士道とロマンスとのつながりだけがイメージとして与えられる。

スコットの『十字軍戦士の物語——婚約者と護符』(一八二五年)は、さらに十字軍をロマン化し、騎士道化することに大きな影響力を発揮した。ここで強調されたのは、やはり騎士道であり、恋愛だった。

たとえば『護符』では、リチャード獅子心王とサラディンが登場する。サラディンもまた尊敬に価する騎士道的精神の持ち主で、病気療養中のリチャードのもとに変装して出かけ、薬を与え、十字軍の騎士たちの間で行なわれる決闘裁判の手助けさえする。決闘の勝者はリチャード獅子心王の娘エディスと心を交わしていた人物で、最後にスコットランドの王子であることが明らかとなり、エディス姫と結婚する。

サラディンは、むろん西洋の騎士ではない。だが、あたかも「騎士」のごとくに立派な人物として描き出されている。大切なのは宗教ではなく、理想的騎士である。優れた十字軍の戦士はみな立派な騎士で、狂信とは無縁である。

『アイヴァンホー』はベストセラーとなった。英語のみならず、フランス語、ドイツ語、イタリア語、スペイン語、オランダ語、デンマーク語、ノルウェー語、スウェーデン語に訳され、ヨーロッパ全域で読まれた。フランスでは、一八四〇年に出された広告によると、ある翻訳書は二〇〇万冊も売れたという。

読まれただけではない。劇場では、『アイヴァンホー』や『護符』は繰り返し上演された。『アイヴァンホー』は、一八二〇年には早くもロンドン、エディンバラ、ブリストル、プリマス、バース、エクセター、リヴァプール、バーミンガムなどで演じられた。

絵画でも、『アイヴァンホー』や『護符』を素材とした作品が描かれた。最も有名なのはフランスの画家ドラクロワ（一七九八―一八六三年）だろう。ドラクロワは『アイヴァンホー』を素材とした絵を、少なくとも四枚は描いている。その中には、レベッカの掠奪を主題とする作品もある。

『アイヴァンホー』はオペラでも受け入れられた。いくつもの作品が制作され、上演された。最も有名なのはオペラ作曲家ロッシーニ（一七九二―一八六八年）の作品であろう。

ついでに紹介しておくと、二つの作品は映画にもなっている。『アイヴァンホー』は一九一三年にサイレント映画で、また一九五二年には『黒騎士』という題で上映された。著名なハリウッド女優エリザベス・テーラーがレベッカを演じている。『護符』も、『獅子王リチャード』として一九五四年に制作された。

解放されたエルサレム

ウォルター・スコットの『アイヴァンホー』とともに十字軍のロマン化に大いに貢献した作品がある。『解放されたエルサレム』である。『解放されたエルサレム』は、一六世紀の詩人トルクァート・タッソ（一五四四―九五年）の詩である。エルサレム解放に出かけた十字軍戦士リナルドとサラセン側の悪魔の手先、魅力的な女性で実は魔女のアルミーダ、さらにキリスト教徒のタンクレディとサラセン人のエルミニアの恋愛と悲劇を鮮やかに詠いあげている。

ゲーテが戯曲『トルクァート・タッソ』を書いたことからも分かるように、ロマン主義者は『解放されたエルサレム』に引きつけられた。それは、十字軍を背景に描かれたキリスト教のロマンだった。ハイドンやサリエリ、ロッシーニやドヴォルザークなどが競ってこの作品をオペラ化した。むろん、十字軍戦士と魔女が主役なのだから、信仰が問題にならないわけではない。だが、オペラで人びとの心を引きつけるのは言わば禁断の恋愛であり、個人の生の相克である。信仰の相違は、恋愛の効果と苦しみを高めるためのスパイスでしかない。

同様に、解放されたエルサレムを題材とした絵も描かれている。ルドヴィーコ・カラッチの「エルミニアと羊飼い」(一六〇三年)、ニコラ・プーサンの「タンクレディとエルミニア」(一六三〇年)にはじまってグエルチーノの「傷ついたタンクレディを発見するエルミニア」(一六一八―一九年)やドラクロワにいたるまで、多くの絵画が描かれた。

このほかに、ドイツ文学の分野で、レッシングの『賢者ナータン』(一七七九年)が十字軍を扱った作品であることも紹介しておこう。これも『解放されたエルサレム』と同様に、テンプル騎士修道士とユダヤ人との恋愛話にサラディンが絡むというものである。

このように十字軍を背景とする恋愛が描かれ、広く受容されたのは、一九世紀の帝国主義が宗教とはほとんど無縁だったからだろう。その十字軍的行動を容認するには、宗教は邪魔だった。宗教は後進的な相手側に押し付け、ヨーロッパは啓蒙的文明の担い手となった。

自由と専制

トルコは、もはや恐怖の対象ではなかった。ヨーロッパはトルコそして東洋に対して、優越的な高みから余裕をもって接することができるようになった。

ヴォルテールはボスポラスの人々の知恵と性格、美しい庭を称賛したが、それは「高貴なる野蛮人」への認識と表裏をなしていた。トルコを含む東洋的専制とヨーロッパの自由との対比が強調されるようになった。

ギボンも同様だった。十字軍の不条理は指摘したが、その狂信主義に「偶発的効験」があったことも忘れない。その「効験」とは「自由」である。

強奪や不和争乱に明け暮れていた封建領主が十字軍に参加したことで、自由が中世ヨーロッパにもたらされることになった。なぜなら、貴族たちは金のかかる十字軍によって疲弊し、農民や職人に金と引き換えに自由を与えることになったからである。ギボンはこの成果を、次のような美しい言葉で表現している。「森林の高い不毛な木々を破壊した火災は、地上の小さい栄養に富む食物が生育する空気と拡がりを与える結果になった」（『ローマ帝国衰亡史』第六一章)と。

ギボンの考えをさらに明確にかつ思考体系の中心に据えたのが、モンテスキューの『法の精神』だった。「ヨーロッパでは、自然的分割によって、中くらいの広さのいくつかの国家が形成され、……これが自由の精髄を養成し、〔ヨーロッパの〕各部分を、……容易に外国勢力に征服され、従属させられないものとしている」。ところが、と彼はいう。

これに反して、アジアには隷属の精神が支配している。この精神はいまだかつてアジアを去ったことがない。そして、この地方の全歴史の中に、自由な魂を証示するただ一つの特徴をも見出すことは不可能である。(上原行雄他訳『法の精神』岩波書店、第三部第一七編第六章)

自由な先進的ヨーロッパと専制の後進的アジア、啓蒙のヨーロッパと迷妄のアジアという図式がここに確立する。

オリエンタリズム

このような図式を前提とする、東洋への否定的言辞をオリエンタリズムという。このオリエンタリズムと十字軍ロマン主義は容易に結合し、ヨーロッパ全域に浸透していった。

ナポレオンのエジプト遠征は聖ルイの十字軍を想起させた。ナポレオン自身、『フランク人による神の御業』を意識していたし、彼とともにフランスにおける十字軍研究が始まったといってもよい。

そのなかの一人、フランス・ロマン主義文学の先駆者シャトーブリアン（一七六八—一八四八年）はエルサレムに旅行し、一八世紀の啓蒙主義者とは反対に十字軍を称賛した。その旅行記『パリからエルサレムへ』（一八一一年）は広く読まれた。

彼の考えでは、十字軍はムスリムの侵略に対するキリスト教世界の報復だった。専制や奴隷制と親和する文明の敵イスラムが、この世にはびこってよいだろうか。それとも、文明のキリスト教世界が優位に立つべきだろうか。

シャトーブリアンの主張は、たぶんに宗教的である。だが、それは「文明」と結びつくがゆえに正しいとされる。この点で、これは一九世紀ロマン主義の主張だった。シャトーブリアンはチュニジア近辺における海賊の存在に注意を促し、フランスの伝統に則り、新十字軍を派遣するように訴えた。これは、フランスのアルジェリア侵略にも作用を及ぼした。

この「新十字軍」は宗教的狂信の産物ではなく、文明が野蛮を制する戦いだった。『オリエンタリズム』の著者サイードも、シャトーブリアンの次の言葉を、「オリエントに自由の意味を教えさとさなければならぬという命題」の「最初に表現された意義深い一節」

としてあげている。

十字軍は、たんに聖墓の解放をめぐっておこったものではなく、むしろ、この地上における二大勢力のうち、文明の敵として系統的に無知〔これはもちろんイスラムをさす〕と専制と隷従とに味方してきた宗派と、現代人の内に叡智にみちた古代の霊を呼びさまし、彼らを卑しき隷従から脱却させた宗派と、そのいずれが勝利を得るかをうらなうものであった。（今沢紀子訳『オリエンタリズム』上、板垣雄三・杉田英明監修、平凡社）

これは、「西洋人によるオリエント征服が征服ではなく解放なのだとする論理」だった。市民王ルイ・フィリップ（一七七三―一八五〇年）も、七月王政のもとで、十字軍と文明の名のもとにアルジェリアに現実に兵を送った。彼はまた、ヴェルサイユ宮殿に十字軍の間を五部屋作った。それは明らかに、アルジェリアの植民地化を「十字軍」というメタファーで正当化する試みと結びついていた。

ナポレオン三世もまたシリアとレバノンのキリスト教徒を救援し、文明の恩恵を与えるという名目で「新十字軍」を構想した。チュニジアでも同じことが語られた。

一九世紀のヨーロッパにとって、北アフリカ、中東はイスラム教が支配する後進的世界、エキゾチックでロマンに富んだ異界だった。「文明」のヨーロッパは、そこに優越感と魅力を感じ、進出し、支配しようとした。

ユダヤ人のパレスチナ帰郷

西洋の眼は、とりわけエルサレムに向けられた。エルサレムは聖地であり、特別の重みをもっていた。イギリスが一八三八年に領事館を開設したのを皮切りに、フランス、プロイセン、オーストリア、スペインも次々と領事館をエルサレムに置いた。エルサレムへの入場税も廃止され、巡礼の復活も企画された。

しかしエルサレムは、文明のヨーロッパを受け入れるだけの衛生施設に欠けていた。ヨーロッパ列強は人を派遣した。エルサレムの復興を企画し、病院を開設した。エルサレムへ、パレスチナへと、人びとが流れ込んでいった。忘れてならないのは、その流れの中にユダヤ人も含まれていたことである。

西洋人はいわば出稼ぎだった。仕事が終われば祖国に戻る。巡礼も同様である。ところが、ユダヤ人だけは別である。彼らは永住を希望した。トルコ政府は、ユダヤ人の帰国と植民を認めた。アラブ人も反対しなかった。

一九世紀後半に行なわれたロシアにおけるユダヤ人迫害が、この動きに拍車をかけた。大部分のユダヤ人はアメリカに向かったが、ヨーロッパ諸国やパレスチナをめざした者も少なくはなかった。一八八二年頃から、三万人ほどのユダヤ人がパレスチナを選んだという。帰還と植民を推進するために国際的な基金が設けられ、ロスチャイルドなどから多額の寄付金が集められた。

一八九六年からユダヤ人国家を創ることをめざすシオニズムが始まった。当初はユダヤ人のために独自の安全圏を作ることが目的だった。これを政治的シオニズムという。だが一九〇二年から、「イスラエルの民のためのイスラエルの国」を「律法の名のもとに」つくることをめざす、宗教的シオニズムが有力となっていった。宗教的シオニズムは政治的シオニズムよりも排他的だった。

ユダヤ人の入植は、「土地のない人びとに人びとのいない土地を」という理念のもとに推進されていた。だが、そこには、いないはずの「人びと」がいた。イスラム教徒を中心とするパレスチナ人である。

イギリスは第一次世界大戦時に、ユダヤ人の「民族的郷土」の建設を後援することを約束した「バルフォア宣言」(一九一七年)を出すが、一方でトルコとの戦いを有利にするために、アラブの独立を「フセイン・マクマホン書簡」(一九一五―一六年)で認めた。戦後、イギリスは、言わばアラブとの約束を破り、パレスチナを自国の委任統治領とした。そのうえ、ユダヤ人の入植を推進した。パレスチナ人とユダヤ人との軋轢が増し、それは流血につながった。

しかし対立が決定的になるのは、第二次世界大戦後である。イギリスは統治能力を失い、国連に解決を委ねた。アメリカの影響を強く受けた国連の分割案は実らず、戦争が勃発した。イスラエルは一九四八年五月に建国を宣言した。このときイスラエルは、国境を宣言で明示しなかった。初代イスラエル首相となったベングリオンが反対したからだという。その理由を、広河隆一氏はこう記している。

ベングリオンは、アメリカも独立宣言で国境を明示しなかった、と述べた。彼は独立後のアメリカが、インディアンの土地やメキシコの領土を奪って国土を広げていくのを思い描いていたと思われる。(『パレスチナ』岩波新書)

アメリカは、「新しいイスラエル」を創ることをめざして建国された。パレスチナに建国された新しいイスラエルは、アメリカを頼りとし、アメリカを範としていた。アメリカがイスラエルを支援するのは、単にユダヤ人の政治力がアメリカで強いというだけではないのかもしれない。

第一次世界大戦

さて、「新しいイスラエル」を創ることをめざし、西のフロンティアの拡大を推進したアメリカに、ここで目を移そう。

建国期はともかくとして、一九世紀後半、少なくとも二〇世紀になると、アメリカでも啓蒙主義と世俗化が進行し、宗教性は一掃されたのではないだろうか。普通、私たちはそう考える。だが現実は、必ずしもそうではない。宗教性は決して失われていないし、無力でもなかった。

第一次世界大戦時においてさえ、政府は人びとの宗教的感情を梃子とする宣伝活動を試みている。この政府広報は著名なジャーナリスト、ジョージ・クリールの指揮下に推進された。それはアメリカが自由と民主主義の国であるとともに、神によって選ばれた民の国であることを強調した。ドイツ人（the Huns）は悪魔の創造物で、自由な世界を破壊する作業に従事している。この大戦争はハルマゲドン、すなわち聖人による、情状の余地のない悪に対する最後の戦いにほかならない、と。

アメリカの聖職者たちは戦争に反対しなかった。むしろ賛成し、推進した。それは悪に対する聖戦だった。アメリカの軍隊は聖なる存在だった。大統領ウィルソンの参戦を支えたのは、だれよりも聖職者たちだった。

ワシントン・エピファニー教会の教区主任牧師ランドルフ・M・マッキムは、キリストの言葉「わたしが来たのは地上に平和をもたらすためだ、と思ってはならない。平和ではなく、剣をもたらすために来たのだ」（「マタイによる福音書」第一〇章第三四節）を引いて、理由があれば、「議論」ではなく「武器」によって戦うようにキリストが要請していると、説教で繰り返し語った。

「アメリカの運命」が各地の説教で説かれた。ビリー・サンディーという牧師は、その説教をいつも次の言葉で締めくくった。ドイツ人の銃が五〇丁で、われわれが一丁の銃しかもたないとしても、それは問題ではない。「なぜなら、われわれの側にいる主は、年寄りのクルップが作ることのできる銃よりも、さらに価値があるからだ」と。曠野《あらの》のなかのイスラエルと、新しいイスラエルの困難な状況を比較するものもいた。戦死者は、神のもとにあるアメリカの運命を実現するための殉死者だった。

実は、これと同じことがイギリスで起きていた。英国教会ロンドン主教ウィニントン・イングラム（在任一九〇一―三九年）は、国民的人気のある聖職者だった。彼はドイツとの戦いを反キリストに対する聖戦と語り、各地をそう説いて回った。一九一五年の降臨節の説教では、こう語った。

「自由と名誉を愛するすべての人、気楽さよりも原理を重視するすべての人……は、ドイツ人を殺すための偉大な十字軍――私はこのことを否定しない――に結集した。ドイツ人を殺すのは、殺すことそのことを目的とはしない。それは、世界を救うためなのである」。

ウィニントン・イングラムの同志だったブルチール牧師もまた、「われわれは祖国のためというよりも、むしろ神の名誉のために戦っている。この戦いは聖戦である。それどころか、これは、これまで行なわれてきた戦いのなかでももっとも神聖である」と説教を続けた。戦争の死者は、ここでも殉死者だった。ボーア戦争に従軍牧師として参加したことのあるR・P・B・ブルもまた、「兵士たちの殉死」という説教で、この戦争を「聖戦、真の十字軍」と訴えている。

第二次世界大戦から冷戦へ

第二次世界大戦時には、イギリスでもアメリカでも、十字軍思想はあまり表面には出てこない。聖職者も積極的に聖戦を強調することもなかった。欧米世界は十字軍思想から離脱したかに見える。

例外はむろん、あった。アイゼンハワー元帥はドイツとの戦いを「十字軍」と考え、それを回顧録の標題につけている。これは『ヨーロッパ十字軍』という題で日本語に訳され、一九四九年に出版されている。

戦後、大統領に当選したアイゼンハワーは、世界を自由と隷属、光と闇に二分する発想のもとに、アメリカが自由世界の指導者となる運命のもとにあることを強調した。「デモクラシーは深く感じられた宗教の政治的表現である」と彼は語った。アイゼンハワーは世俗的合理主義とアメリカ的宗教主義とを包み込む役割を果たした。

その一九五〇年代には、「宗教への復帰」があったといわれる。国民の大部分が神の存在を信じ、宗教をきわめて重要と考えていた。ビリー・グラハムの「福音の十字軍」が人びとの心をとらえたのも、この一九五〇年代である。赤狩りのマッカーシズムが吹き荒れたのも、このころのことである。

アメリカの善悪二元論的発想は続いた。ケネディ大統領も光と闇の対比でアメリカとソ連をとらえ、「無神論の共産主義」とか「道徳的十字軍」などという言葉を用いている。

だが冷戦下の東西の対立は、むしろパワーポリティクスと勢力均衡が国際関係を支配した。アメリカの外交も総じて合理主義的だった。そうせざるをえなかった。しかしそれは、必ずしもアメリカ外交のすべてではない。

冷戦解消後のアメリカ一極支配と世界各地に頻発した紛争は、アメリカの一部指導者に、再び神のもとの「明白な運命」を感じさせる状況を生み出した。一極としての責任のもとに、自由の帝国として悪と戦い、平和をもたらすという発想が、アメリカのなかで冷戦期以上に強まってもそう不思議ではない。湾岸戦争は石油をめぐる戦いであると同時に、全人類のために正義を執行するというアメリカの使命、神の祝福をうけたアメリカの運命という信念とも無関係ではなかったと思われる。

アメリカでは堕胎や環境、性や少数者問題など政治的、道徳的問題をめぐって、宗教的保守派と宗教的リベラルとの間で大きな戦いが繰り広げられている。宗教的保守派が伝統的なアメリカの運命論と結びつきやすいことは明らかである。むろんイコールではないし、リベラルの力も強力である。

しかしブッシュ大統領の政治姿勢が、どちらの側と親和的であるかは歴然としている。

アメリカの今後の動向は、「十字軍の思想」とは無縁ではありえないだろう。

エピローグ――『レフトビハインド』について

携挙

一九九五年に公刊され、二〇〇一年の九月一一日事件（世界貿易センタービル等へのテロ）以降、いよいよ注目度を増して、全米のベストセラーを続けている「近未来サスペンス小説」がある。ティム・ラヘイとジェリー・ジェンキンズの『レフトビハインド』シリーズである。

訳者の上野五男氏の第一巻への「あとがき」によると、一九九五年に『Left Behind』が米国で出版されると、「販売数は三九カ月で一〇〇万部」を越えた。「第二巻の『Tribulation Force』が出版されると、三二カ月で一〇〇万部を突破し、第三巻の『Nicolae』が出ると二四カ月で、第四巻の『Soul Harvest』は一三カ月で、第五巻の『Apollyon』はなんと七カ月で一〇〇万部を突破した。その後、第六巻の『Assassins』、第七巻の『The Indwelling』、第八巻の『The Mark』が出されて、いずれも短い期間でベストセラーの仲間入りをした。増刷を重ね、シリーズとしてこれまで一五〇〇万部を越える超ベストセラーとなった」。(『レフトビハインド』いのちのことば社)

レフトビハインドとは「取り残された」という意味で、神によって行なわれる「携挙《けいきょ》」つまりキリスト教徒の天への引き上げから「取り残された」ということを示している。

「携挙」という考え方は、「テサロニケの信徒への手紙」のなかの一節に由来する。

それは「復活」に関わる一節で、復活がイエスについても、イエスを信じて眠りについた人びとにも起こるという個所である。「すなわち」と、パウロはこう語っている。

合図の号令がかかり、大天使の声が聞こえて、神のラッパが鳴り響くと、主御自身が天から降って来られます。すると、キリストに結ばれて死んだ人たちが、まず最初に復活し、それから、わたしたち生き残っている者が、空中で主と出会うために、彼らと一緒に雲に包まれて引き上げられます。このようにして、わたしたちはいつまでも主とともにいることになります。(「テサロニケの信徒への手紙一」第四章第一六―一七節)

この携挙が突然起こり、その後に反キリストが現れ、「患難時代」が始まり……、というのが「レフトビハインド」シリーズの筋書きである。非キリスト教徒の存在は論外で、話も荒唐無稽としか言いようがない。だが、おもしろい。日本でなら、これは一般に優れたエンタテインメントとして読まれるだろう。しかし、ティム・ラヘイ自身が携挙を信じており、アメリカの読者たちも、少なからぬ人びとが単なるフィクション以上の感情を込めて読んでいるとすると、おもしろいというだけでは片付けられない。

この著作は、反キリストの登場からも推察されるように、終末論と結びついている。終末論における反キリストは悪魔であり、不倶戴天の敵である。そこでは、最後の熾烈な戦争がはじまる。この書が同時代性をもって読まれるとすると、その効果は非常に大きい。はたしてこれは思い過ごしだろうか。

神、悪魔、メディア

ニューヨーク・タイムズの著名なコラムニスト、ニコラス・D・クリストフは、二〇〇三年三月四日付けのニューヨーク・タイムズに、「神、悪魔、メディア」というタイトルの意見を載せ、「アメリカ人の四六パーセントを含むグループ」への関心を示すことの重要性を指摘した。

このグループとは「福音派（エヴァンジェリカル）」のことである。メディアのリベラリストは、これまで彼らを無視してきた。だが、福音主義者たちはいま「周辺部」から「主流」へと進んでおり、その重要性を否定することはできない。それどころか、「信仰が中心的役割を果たしているということを認識しなければ、ブッシュ大統領を理解することは不可能である。実際、イラクに侵略し、中東を「作り変える」というプランのうちに、救世主(＝キリスト)的幻影という要素があるかもしれない」と。

アメリカの調査会社ギャラップの最近の調査によれば、アメリカ人の四八パーセントは神による天地創造という特殊創造説を信じ、進化論を認めるのは二八パーセントにすぎない。また同調査では、悪魔の存在を信ずるアメリカ人は六八パーセントに及び、これは進化を信じるものの二倍を優に超える。クリストフは続ける。「福音派は、アメリカ文化のすべての面において、ますます重要になっている。アメリカのベストセラーのなかにティム・ラヘイの終末に関する『レフトビハインド』シリーズがある。およそ五〇〇〇万冊が売れた」。

クリストフの表現方法はかなり過大である。『レフトビハインド』を読むものや福音派はすべて「携挙」や天地創造を信じているかに見えるが、それはありえない。だが、『レフトビハインド』が広く読まれていることは確かである。ブッシュ大統領の考え方や判断の奥底に宗教的なものがあり、それを支えるさらに広範な、保守的で福音派的なアメリカ人がいることは決して否定できないように思える。

最近、ブッシュ大統領と宗教の関係、アメリカと宗教の関係が注目されるようになってきた。ブッシュ大統領のイラクへの圧力が、世俗的利害を超える何かがあるのではないかと思わせるほど強硬だからである。たしかに「石油」や支配欲というだけでは理解できない何かが、そこには感じられる。その何かを探る作業が始まりつつある。その作業は、ブッシュ大統領の特殊性からアメリカの特殊性へと、さらにその視界を広めつつある。私は、その方向性は正しいと考える。

だが、さらにいえば、アメリカの特殊性は西洋中世の特殊性に淵源をもっている。キリスト教と根底において深く関わっている十字軍思想の歴史を理解しなければ、欧米世界が包み込んでいる芯の部分、そういって悪ければ地下水脈として流れている何ものかを察知することはできないだろう。

かつて丸山真男は日本的なるものを無体的な「古層」と理解し、常に執拗低音として流れ、何かがあると表面に突出すると指摘した。この指摘は傾聴に値する。しかし、意味合いは異なるとはいえ、この種の現象は何も日本だけに認められるわけではない。十字軍思想という執拗低音は、西洋とくにアメリカではいまもなお健在だと私は思う。

理性と寛容

アメリカによるイラク攻撃（二〇〇三年三月二〇日）は、ブッシュ大統領と新保守主義（ネオコン）と呼ばれる政府高官たちによって実行された。その政策と思想的背景については いくつもの分析があるが、森孝一氏『宗教からよむ「アメリカ」』（講談社選書メチエ）が早くから強調しているように、宗教的要素は無視できないように思える。

とりわけ善悪二元論やアメリカ文明の絶対視、悪の支配する世界の浄化という思想、専制の除去と自由の支配という図式のうちに、その聖戦的思考が垣間見える。しかも、中東に多大の出費と被害を覚悟しつつ自ら出かけていくのだから、新十字軍のように見えるのもあながちアナクロニズムとは言えないようにさえ思えてくる。

事実、スンニー派イスラムの最高権威機関であるアズハルは「イラク攻撃は新十字軍による侵略行為であり、侵略と戦うのはジハード（聖戦）である」（朝日新聞、二〇〇三年三月二八日付朝刊）との声明を出している。事態はかなり深刻である。

本来、池内恵氏が「世界観闘争の時代」（森孝一編著『「ジョージ・ブッシュ」のアタマの中身』講談社文庫）で指摘しているように、急進派イスラムのアメリカ十字軍論に対して、西欧諸国はまともに付き合わず、ビンラディンの批判も空回り気味であった。ところがイラクへの戦争で、アズハルが「新十字軍」という概念を持ち出し、ジハードを公式に認めるまでになったのは、やはりブッシュ政権の対応に問題があるように思える。

私は本書で、西洋史を貫く十字軍の思想を考察してきた。これは、文明の衝突の不可避性を示すためではない。そのような地下水脈の存在を意識し、その表層への突出を避けることを求めるためである。二一世紀は、そのような努力をもう一度行なわねばならない時代になりつつあるのではないか。最近の国際政治の動向を見るにつけ、私はそのような思いを抱いている。

むろん、私がいうまでもなく、西洋はその仕掛けをいくつも作ってきた。政治世界において、国家を宗教よりも上位におく世俗主義や、その思想的バックボーンである啓蒙主義は、その代表的装置である。

最近、主権国家の揺らぎが語られ、啓蒙的理性の欺瞞性や支配欲が指摘される。ポストモダンの哲学では、理性の支配が、実は権力や暴力、支配や抑圧と無関係ではないという認識が流布している。私も、理性にそのような側面のあることは認める。だが、だからといって理性のすべてを捨てるべきだということにはならないであろう。

一八世紀の啓蒙主義が試みたように、宗教的狂信を抑えることが重要である。個人としての信仰を妨げるわけではない。防がねばならないのは、信仰による絶対的正義の観念を政治の世界、公共の世界にもちこむことである。ヨーロッパもアメリカもそのような啓蒙主義の精神を、これまで一つの重要な柱としてきた。われわれもそれに多くのことを学んできた。これをもう一度鍛えなおし、将来に生かすことが大切である。

日本は西洋とは異なった土壌のなかで、宗教的寛容を血肉化してきた。われわれがこの面で西洋の啓蒙的精神と協力し、新しい思想を生み出していくことは可能だろう。その実現を期待して、本書を終えることにしたい。

あとがき

私の先生（勝田有恒一橋大学名誉教授）が雑談の時によく使った比喩に、「間歇泉」という言葉がある。間歇泉とは、『広辞苑』によると、「一定の時間を隔てて周期的に熱湯または水蒸気を噴出する温泉」のことである。「あの人は間歇泉でね」というと、それだけで話が通じてしまう。

この間歇泉の中でもっとも有名で、おそらく世界最大とされるのが、アメリカのイエローストーン国立公園の中にあるノリス間歇泉だという。その噴出間隔は、四日から五〇年という。さすがだが、これではとても周期的とはいえない。いろいろな要因が絡んで、ある日、突然、温泉が噴出するのであろう。

西洋における「十字軍の思想」も、この間歇泉に近いかもしれない。地下水脈から突如、水が、あるいは熱湯や水蒸気が噴出する。最大かつもっとも旺盛な間歇泉がいまアメリカにあるというのも、なにか象徴的な感じがする。

もっとも、間歇泉のほうはみなが待ち望み、出れば拍手喝采だが、「十字軍の思想」のほうは、出てほしくないという人のほうが多いだろう。その意味では、あまり適切な比喩とはいえないかもしれない。

いずれにしても、私は本書を書いていて、最後に「地下水脈」という言葉に到達した。

最初からこの言葉を使おうと考えていたわけではない。これは結果であり、少し大袈裟な言い方をすると、発見である。「発見した」というのは、浮力の着想を得た時にアルキメデスが発した有名な言葉だが、私にも「発見した」という感じはある。

比較にすらならないのは言うまでもない。だが、学問は無数の無邪気な小アルキメデスでなりたっている。そのなかの一人の試みとして、ささやかな「発見」を記したのが本書である。

本当に「発見」といえるかどうかはともかくとして、このような形で本書を世に問えることになったのは、新書編集部の湯原法史さんのおかげである。湯原さんから「(西洋における)聖戦とは何か」といったものを書かないか、という誘いを受けたのは三年ほど前のことである。関心があったので、私はそれにのった。

だが、なかなか思うようには進まない。これは駄目かなと考えることもあった。いちばん関心をもっていたアメリカとの関わりが、なかなか見つからなかったからである。どの十字軍の研究書を読んでも、アメリカは出てこない。それはそうであろう。そもそも十字軍は中・近世ヨーロッパにしかない。

しかし私は、何かつながりがあるはずだと考えていた。「十字軍の思想」と呼びうるものを、ブッシュ大統領の言葉の端々に感じとっていた。十字軍は一六世紀にほぼ消滅したが、思想としては生き残っているのではないか。そう思っていた。だが、回路が見つからない。

ある日、アメリカ関係の文献を探しているうちに、「The American Jeremiad（アメリカ的エレミアの嘆き）」という文字に目がとまった。最初に十字軍の派遣を構想したグレゴリウス七世の好んだ、「主の剣」の一節がある「エレミア」（本書五八—五九頁）と関係があるのではないか。そう感じた。急いでその本を探した。やはり、そのとおりだった。

後で分かったことだが、この「エレミアの嘆き」は、アメリカ文学史ではごく常識に近いものだった。私が知らなかっただけのことである。だが、あまり出来のよくない小アルキメデスである私には大発見だった。とにかく視界が開け、私はようやく前に進むことができた。そこから先のことは、もう書く必要はないと思う。

本書を執筆する過程で、私は多くの人々の助けを直接、間接に受けている。十字軍の思想を、アメリカをも含めて書くという視点を貫くことができたのは、『大航海』（二〇〇二年一月、四一号）誌上で行なった三浦雅士氏との対談のおかげである。三浦雅士氏の啓発的かつ挑発的議論によって、私は十字軍の見方を整理し、アメリカとのつながりを探りつづけることができた。また、中東やビザンツ史についてお教えいただいた加藤博氏と大月康弘氏、「The American Jeremiad」をお貸しいただいた門広乃里子氏、さまざまな文献資料を入手してくださった相川睦氏に、湯原さんともども、お礼申し上げたいと思う。

補章

記憶と認識

「十字軍」はテロリズムを正当化するか

ウジェーヌ・ドラクロワ「ミソロンギの廃墟に立つギリシア」（1826年）
（Eugène Delacroix, “La Grèce sur les ruines de Missolonghi”, 1826）

パリ同時多発テロ

アメリカがイラクのフセイン政権を倒してからほぼ一四年の歳月がたっている。侵攻の理由は、イラクの独裁政権がテロを支援し、大量破壊兵器によって米国や同盟国などを脅かしている、というものであった。戦争はむろんアメリカの圧勝だった。しかし、テロはそれで根絶されたであろうか。

もちろん、されていないと言わざるをえない。ブッシュ大統領は、イラクをイランや北朝鮮とともに「悪の枢軸」と弾劾していた。ブッシュ大統領にとって、イラクへの攻撃は、その悪を善のアメリカが根絶することを意味した。たしかに、かつて「世界観闘争の時代」で池内恵氏がいったように、イスラム過激派のテロ行動を「憎むべき犯罪」と宣言するのであればイスラム世界の大多数の人々もこれに同意したかもしれない。しかし、イラクへの攻撃が「十字軍」「善と悪の闘争」と受け止められるようなことになれば、事情は大きく変わる。十字軍は、イスラム世界に対する侵略のシンボルにされうるものだったからである。

十字軍を想起させる行動はテロリストを孤立させるよりも、むしろそれを助長する状況をもたらしかねない。実際、イラクのフセイン政権が打倒されたのちも、テロは決して根絶されなかった。それどころか、このイラク戦争の後に、アルカーイダ以上に強力なテロリスト組織、イラクやシリアの一部を領域的に支配し、「国」を名乗るほど強大な過激派組織IS「イスラム国」が生まれている。

ISは二〇一四年以降の名称であるが、その前身はおおむね二〇〇四年に生まれた「イラクのアルカーイダ」などであった。テロを壊滅させるための攻撃で国家崩壊状態に陥ったイラクにこのような強力なテロリスト組織が創られたのは皮肉といえば皮肉だが、必然といえば必然だった。ISはこれまでの過激派組織と異なって、領域支配によるカリフ制国家の構築をめざすところに特色がある。しかし、敵対国に対してテロを実行する点では他の組織と変わらないし、いわばソフトターゲットを標的にする点ではいっそう徹底している。

そのようななかで起きたのがパリの同時多発テロだった。二〇一五年一一月一三日金曜日の夜のことである。パリの中心部にあった劇場（バタクラン劇場）や近くのレストラン、郊外のサン・ドニにあるスタジアム付近など一般市民の集う場で、ほぼ同時に突然銃の乱射や爆発が起き、少なくとも一三〇人が死亡し、三〇〇人以上が負傷した。犯人の側も八人が自爆などで死亡した。オランド大統領はこれを直ちにISによるテロと断定したが、IS自身すぐにそれを認める声明を発した。

「十字軍士」に対するISの声明

ISは、この声明を「フランスの十字軍士たちに対する神聖なパリ襲撃について」と題している。声明の表題そのものがすでに反十字軍の思想を示しているが、これは声明の本文でも変わらない。

声明によれば、パリが標的となったのは、「売春と猥褻の首都、ヨーロッパにおける十字の旗の担い手」だったからである。神は、そのような「十字軍士たちの土地のただなか」で襲撃を行なわせることによって、十字軍の徒に「恐怖」を与えられた、という。また、サン・ドニのスタジアムで行なわれていたサッカーの試合が対象となったのは、それが「十字軍国のドイツとフランスのチームの試合」だったからである。襲撃者はオランド大統領が参観していたことも知っていた。試合が爆撃の対象となったのは偶然ではなく、選択されたことだった。さらに、イスラムの「兄弟たちは」、と声明はいう。「不品行な売春パーティー」が行なわれていた劇場を攻撃し、「一〇〇人以上の十字軍士を殺し、もっと多くの者たちを傷つけた」。これは神が嘉するところである、と。

声明はさらにISが支配するイラクやシリアの地域への空爆などに関わる国家、「フランスとそれと歩をともにする者たち」に対して、「イスラム国の最高の標的」となること、そして「十字軍士たちの出征を護送し続ける限り、その者たちの鼻から死の臭いが決して消えないであろう」ことを警告した。

ISの声明の骨子は、おおむねここにあるといってよいであろう。イラクやシリアでのISに対する直接的攻撃者と協力者に対して「死」を与えると威嚇し、実際にテロを実行することによってフランスや同盟諸国に混乱を与えること、オランド大統領の言葉を使えば、ISに敵対する人々を「分断するために恐怖を植え付け」、そのような人々を「中東におけるテロと戦うことから遠ざけること」、これがパリでの同時テロの目的だった。しかもISは、そのレトリックとして十字軍という言葉を繰り返し使っている。そのことによって、ISは自身の行為を歴史的に正当化し、戦いをイスラム世界全体と敵全体との関係に拡大しようとしていた。これは、アルカーイダ以来の戦術だが、より徹底している。

ヴェルサイユで行なわれたオランド大統領の演説

フランスのオランド大統領の反応は素早かった。事件を直ちにISのテロと断定し、非常事態を宣言し、国境を閉ざすことを決めた。さらに、この試練を迎えて、国民を結集するために、翌月曜日に両院合同会議を開き、上下両院議員列席のもとで国民に語りかけることを明らかにした。

二〇一五年一一月一六日、両院合同会議において、世界が注目した演説が行なわれた。「フランスは戦争状態にある」という言葉で始まったオランド大統領の演説はきわめて周到なものだった。大統領は、パリ同時多発テロの指令を出したISに対してフランスが今後一丸となって文字通り戦うことを明らかにしたが、イスラムという言葉は一切用いず、敵はあくまでもテロリスト集団のISであるという認識を明確に示した。

ISは武器をもっていない人々に対して発砲する卑怯者だった。「われわれが文明間の戦争に従事しているということはできない。なぜなら、この暗殺者たちはいかなる文明も代表していないからである。われわれが戦争する相手はジハード主義のテロリズム、まさにフランスではなく、全世界を脅かすテロリズムである」。オランドはそう言い切り、さらに「テロリストが襲ったのは世界に開かれているフランス」であることを強調した。「被害者のなかには、数十人ものわれわれの外国の友人たち、一九カ国を代表する友人たちがいた」と。

オランドは、非常事態の延長や憲法改正についてさらに語ってから、「われわれは、人々の動きとさまざまな文化の混合を続け、人間の文明を豊かにするためにテロリズムを根絶するであろう」とのべ、最後をこう締めくくっている。「テロリズムはフランスを破壊しないであろう。なぜなら、われわれがテロリズムを破壊するからだ」と。

見事な演説といってよいであろう。宗教的対立や文明の衝突を思わせないように、というよりもあきらかにそれを否定することを明確に意識し、被害者の多数の国籍を示すなど、十字軍のレトリックに乗らず、全世界と自由と人権の観点からテロリズムに反対することを説得的に語っている。しかし、オランドは意識していなかったかもしれないが、彼のこの注意深い演説にも十字軍の影がかかっていないわけではなかった。

それは、この演説がヴェルサイユ宮殿で行なわれたことである。

ヴェルサイユの両院合同会議場

演説が行なわれたのは上下両院の合同会議場だが、この会議場はヴェルサイユ宮殿内にある。大統領が議会で演説をしたのは一八四八年以来、今回を含めて三人にすぎない。最初の一人は第二共和制のもとで初の大統領に選出されたルイ・ナポレオン（後のナポレオン三世）だった。ルイ・ナポレオンはその三年後の一八五一年一二月にクーデターを敢行し、一八五二年に皇帝ナポレオン三世として第二帝政を開始した。しかし、一八七〇年の普仏戦争で敗北し、新たに第三共和制が始まる。第三共和制は一八七五年憲法で行政権と立法権を明確に分け、大統領の議会での演説を実質的に禁止した。それ以来、この原則は一三〇年以上ものの間、守られ続けた。

この原則を変えたのはサルコジ大統領だった。彼は、二〇〇八年七月の憲法改正で上下両院に対する大統領の「声明」を可能とし、二〇〇九年六月に上下両院合同会議で二人目の演説を行なった。一八四八年から一六一年がたっていた。しかし、時事通信によれば、緑の党と共産党は演説の聴取をボイコットし、社会党も演説後の審議を拒否したという。

一六七年間で三人目となったのがオランド大統領である。大統領による議会での演説は、このように事件ともいえるほど稀で、難しいものだった。これを敢えてしたところに、パリ同時多発テロに対する、フランスの衝撃の深さとフランスを一体として戦うという大統領の決意のほどが窺われる。

しかし、その合同会議はなぜヴェルサイユで開かれたのであろうか。フランスは二院制で、上院の元老院はパリのリュクサンブール宮殿、下院の国民議会はやはりパリのブルボン宮殿をその所在地としている。これは、少し不思議である。しかし、両院が合同で会議を行なう場合にはヴェルサイユにある両院合同会議場を用いる、というのが習わしだった。習わしといっても、そこでの大統領演説が実現したのはサルコジとオランドの二人だけだが。

この会議場は一九世紀後半に建設されている。普仏戦争によってパリ近郊にまで進撃してきたプロイセン軍はその拠点をヴェルサイユ宮殿に置き、ドイツ帝国の設立をその「鏡の間」の式典で宣言した。フランスの臨時政府である国防政府はこれと交渉して休戦を実現したが、その譲歩に憤激したパリの民衆はパリ・コミューンを設立し、政府はプロイセン軍の去ったヴェルサイユに移転した。ボルドーに移転していた議会もヴェルサイユに移り、上院がオペラ劇場をその拠点とした。下院の国民議会には、新たにヴェルサイユ宮殿の南翼が半円形の荘厳な会議場として改築、用意された。会議場は、必要に応じて、両院合同会議場として用いられることになっていた。一八七九年に下院がブルボン宮殿に移動した後、これがそのまま残った。

たしかに、この会議場と十字軍とは直接的関係をもたない。だが、第六章で紹介したように、ヴェルサイユ宮殿には、この南翼の反対側の北翼に絢爛たる「十字軍の間」がある。フランス等を十字軍と呼んでテロに及んだISに対して、オランド大統領は、宗教に触れるのを避け、自由と人権の観点からテロに対する戦争を宣言した。議会で、全議員の前で荘厳に戦争を宣言するには、たとえ十字軍の間があるとしても、両院合同会議場のあるヴェルサイユ宮殿を使うしか方法はなかったであろう。しかし、ヴェルサイユの十字軍の間は、まさに一九世紀フランスにおける十字軍の思想によって建設されたものだった。

ミショーの『十字軍史』

このことについてはごく簡単に第六章で触れているが、いままさに起こっていることと関係しているので、改めてもう少し詳しく説明をしておこう。

フランス革命とナポレオン帝国に続いたのは復古王政だった。これは、一八一五年五月に始まる。それを挟んで一八一二年から一八二二年にかけて、十字軍の歴史研究史に必ず出てくる七巻本の『十字軍史 *Histoire des croisades*』がパリから出版されている。著者はジョゼフ・フランソワ・ミショーという。彼の十字軍史は広く読まれ、一八四一年には六版を数えている。一八五二年には英語訳が出され、一八七七年にはギュスターヴ・ドレの一〇〇枚の挿し絵つきで出版が行なわれている。英語のほかに、ロシア語、ドイツ語、イタリア語にも訳されている。塩野七生氏の『絵で見る十字軍物語』（新潮社、二〇一〇年）の「絵」として用いられているギュスターヴ・ドレの挿し絵は英語版（一八八〇年）から取られているが、塩野氏の挿し絵に対する想いは、もともとは一九四一年にミラノから出されたイタリア語版に端を発しているようである。むろん、挿し絵だけでなく、作品そのものに対しても、氏の評価は高い。いまも仏語版や英語版のペーパーバックが入手可能で、古典的名著といってよいだろう。

ミショーは十字軍の諸々の行動や残酷さを批判しており、その点では啓蒙的だったが、政治的には明確に王党派の著作家だった。彼が十字軍に関心をもったのはナポレオンのエジプト遠征に関する研究と友人シャトーブリアンの影響による。彼は、十字軍を「中世のもっとも重要な事件」「人類史のもっとも重要な区間」と考え、それに光を当てようとした。その狙いは、革命以前のフランスの英雄たちの偉大な行為を記憶から呼び戻すことだった。それは、革命後に復活したブルボン朝の国王を支えることを意味した。とりわけ、十字軍の掉尾を飾ったルイ九世（聖ルイ）の事績を伝えることは大きな意味をもった。

ミショーは友人の東洋学者であるジャン・ジョセフ・フランソワ・プジュラとともに編纂した『十字軍文献集』（一八二九年）の序文で、このような作業は「聖ルイとルイ一四世の後継者によって促進されるに値する」と書いたが、聖ルイと比較されることを好んだ、ブルボン朝最後の国王シャルル一〇世（一七五七—一八三六年、在位一八二四—三〇年）によって、彼らにコンスタンティノープル、エルサレム、シリア、エジプトへの研究旅行の資金が与えられている。一八三〇年から三一年に、プジュラとともに行なわれた旅行の成果は七巻からなる『オリエント通信』という旅行記（一八三三—三五年）だった。

アルジェリアへの侵攻を始めたのはこのシャルル一〇世だった。シャルル一〇世は一八三〇年の七月革命で退位を余儀なくされるが、その直前にフランス軍はアルジェを占領した。ラファイエットらによって推戴された新しい国王、オルレアン朝のルイ・フィリップもまた、その事業を引き継いだ。

ルイ・フィリップ

ルイ・フィリップ（一七七三—一八五〇年、在位一八三〇—四八年）の人生は波乱に富んだものだった。彼は、ブルボン家の支流オルレアン家の嫡子だが、自由主義的で革命運動に共鳴し、その邸宅は一時革命の会議場となったほどである。革命勃発後は革命軍に参画したが、父が革命裁判所によって処刑され、その爵位をついだものの、亡命を余儀なくされた。ナポレオン一世の失脚後の一八一四年に帰国し、一八三〇年の七月革命の折に国王に推戴されて「フランス人の王」となった。これを七月王政という。この王政を主導したのは、福沢諭吉の『文明論之概略』に大きな影響を与えた『ヨーロッパ文明史』の著者ギゾーだった。彼のもとで、フランスの産業社会化は進んだが、その過程で共和主義勢力が強まり、一八四八年には二月革命が勃発した。ルイ・フィリップはギゾーを更迭したが、運動は強まり、国王は退位し、亡命する。

ルイ・フィリップは自由主義的ではあったが、外交政策は植民地主義的で、ラテン・アメリカ、中国、インドシナに干渉し、シャルル一〇世に引き続いて、アルジェリアに派兵を続けた。その最大の事業はアルジェリア植民だった。上垣豊氏によれば、「マルセイユなどの商業的利害や、とくに軍隊の圧力のもと、アブド・アルカーディルにひきいられた原地住民の抵抗に苦しめられながら徐々に占領地が拡大された。一八四〇年一二月に新総督に任命されたビジョン将軍は収穫物の破壊、家畜の略奪、流血の報復をふくむ全面戦争にはいり、ついにアブド・アルカーディルは一八四七年に降伏した。四七年末には、一一万人のヨーロッパ系植民者が定住し、うち半分を少しこえる数がフランス人であった」。(「立憲王政」『世界歴史大系　フランス史2』山川出版社、一九九六年)

アフリカ北部のイスラム系の国に対する派兵が十字軍になぞらえられるのは不思議ではない。聖ルイの二度にわたる十字軍は、最初はエジプト、次はチュニジアに向けられたものので、聖ルイは出陣先のチュニスで倒れ、死亡している。聖ルイの記憶をフランスの国家的英雄として喚起することはフランス革命後の国王たちにとって必要なことだった。ナポレオンの後にブルボン朝を復活させたルイ一八世、シャルル一〇世、ルイ・フィリップは彼らの正当性のシンボルとして、また国民的英雄として聖ルイの絵画や織物、銅像の制作を芸術家たちに依頼している。関連性をはっきりと伝えているのはミショーの『十字軍史』の一八三八年縮刷版の序文である。そこで、ミショーの協力者プジュラは、「一八三〇年のアルジェ征服とアフリカにおける最近の軍事的行動は十字軍以外の何物でもない」と記している。

ヴェルサイユ宮殿を国王の居城から、国民も参観できるフランス歴史美術館へと改築したのはフランス人の王であることを目指したルイ・フィリップだった。フランスの偉大な歴史を具象化し、人々の記憶にその偉大さを植え付け、喚起させるのが大きな目的だったと思われる。この大改造計画のなかに、「十字軍の間」の建設も含まれていた。エリザベス・シベリーが指摘するように、「アルジェリア遠征の時期にルイ・フィリップが十字軍の間のために中世の十字軍や十字軍士の絵画を注文していたのは単なる偶然ではない」。

十字軍の間

ルイ・フィリップが改築したフランス歴史美術館としてのヴェルサイユ宮殿は一八三七年から一般に公開されている。その北翼棟に十字軍の間が五部屋用意され、そこに多くの絵画などが陳列された。陳列は一八三九年からはじめられたが、そのために新たに十字軍に関連する絵がルイ・フィリップによって発注されている。

ルイ・フィリップがヴェルサイユ宮殿に陳列するために発注した中世に関連する絵画の数はおよそ一三〇枚といわれているが、十字軍の間に飾られたのは五〇枚ほどであった。アルジェリアで激闘が繰り広げられていた一八三八年から一八四二年にかけての注文が多いという。

一三〇枚の中にはドラクロワ（一七九八―一八六三年）の有名な二枚の絵も含まれていた。一枚は十字軍そのものの戦いではないが、聖ルイとイングランド国王ヘンリー三世との戦いを描いた一二四二年の「タイユブールの戦い」（一八三七年）である。この絵は、ヴェルサイユ宮殿の「戦争の間」に展示されている。もう一枚は「十字軍のコンスタンティノープル入城」（一八四一年）である。これはパレスチナではなく、ビザンツ帝国を攻撃したことで悪名高い第四回十字軍を素材としたもので、十字軍の間に飾られた。現在はルーヴル美術館に置かれている。

絵画以外では、第五室に、トルコのサルタンがルイ・フィリップに贈ったロードス島の聖ヨハネ騎士修道会の要塞の門が置かれている。また、第一室から第四室まで十字軍に参画した家系の家紋が屋根に飾られている。その際、ルイ・フィリップは十字軍に参加した家系に家紋を飾る許可を出すこととしたので、貴族のあいだで家紋を飾るための競争が始まった。その競争は過熱化し、偽の証書が登場するまでになった。

それどころか、偽の証書の作成を請け負う組織まで登場した。ウジェーヌ・アンリ・クルトワ、系譜学者ポール・ル・ティリエ、ウジェーヌ・ド・スタドラーの一味で、多数の偽造証書、いわゆるクルトワ証書を作成し、売っている。十字軍の間に自己の家紋を飾りたい貴族で、従軍を明らかにする資料を持たないか十字軍に参加していない場合には、この偽装による証明を高額で買い取った者も少なくないらしい。クルトワは国立のアルヒーフに所属している専門家を巻き込んで、本物に近く見せる偽造品を作成した。必要があれば先祖の十字軍参加の証明だけでなく、依頼人の家系とのつながりを証明する資料も作成した。その数は数百点におよび、貴族の私的文書庫だけでなく、公立の図書館やアルヒーフにまでその偽造資料が紛れ込み、いまなお明確に排除できていないほどだといわれている。例えば、リチャード一世の十字軍遠征に傭兵隊長メルカディエが参加しなかったということを注記した論文が一八四一年に出されたとき、その二、三カ月後に、その傭兵隊長がアッコンでリチャード一世とともにいたことを示す手紙が発見された。論文の作者は一八四三年に自分の誤りであった証拠としてその手紙を公刊したが、十字軍史学史の研究者タイアマンによると、その手紙はクルトワの偽造だったという。

一八四〇年に十字軍の間が開かれた時点では、三一六の家系があげられ、存続しているのは六〇とされた。しかし、翌年、十字軍の間は一時閉じられることになった。加えられることを望み、十字軍の先祖をもつことを証明する資料を偽造した家系の者たちによる抗議がすさまじかったからである。

十字軍に参加した者たちの名は「家と国民の名誉」だった。ミショーは「記憶」という言葉を用いて、その意義をこう伝えている。「第一次十字軍の結果のもっとも明白なことはわれわれの先祖たちの栄誉である。この栄誉はまた、国民のための真の偉業である。なぜなら、十字軍の結果についての偉大な記憶が家や国民たちの存在を確立するからであり、この点において愛国主義のもっとも高貴な源となるからである」。

オランド大統領が演説を行なったのは、こうした因縁の深い場なのであった。

レバノンとシリア

一九世紀前半のフランスは北アフリカとのかかわりで十字軍の思想を示したが、ルイ・フィリップの次に大統領、国王となったナポレオン三世の時代にはパレスチナがその対象となった。

レバノンに在って十字軍時代にカトリックと結びついた在地のキリスト教徒であるマロン教徒が一八六〇年にオスマン帝国に対して蜂起したときに、フランスで多数のパンフレットが出され、シリア、レバノンのキリスト教徒たちをたすけるために新十字軍を送るべきだ、という声が広まった。アルフレッド・ポワソニエという人物は文字通り、『シリア遠征　新十字軍』という本を一八六〇年に出版している。彼は、中世の十字軍と現在の出来事を結びつけて、いまや「最後の十字軍」の時がやってきたと主張している。

イスラム教徒によるマロン教徒の大量殺戮が起きたのをうけて、ナポレオン三世は一八六〇年にキリスト教徒保護を名目にレヴァント（レバノン、シリア地域）に軍隊を派遣し、その後この地域にフランスが影響力を行使するきっかけを作っている。軍を派遣するにあたって、ナポレオン三世は十字軍を思い起こさせる演説を次のようにしたという。「諸君は、シリアを目指し……偉大な記憶に富んでいるあの遠隔の地に向かう。……諸君はこの地にキリストの旗を荘厳に運んだ英雄たちの価値ある子孫であることを示すであろう」。東洋学者のガブリエル・シャルムは、レバノンとシリアのキリスト教徒の保護とシリアへのフランスの植民地支配の確立が、中世十字軍士の記憶に対してフランスが負う責任の核にある、と記している。

一九世紀後半に始まる、フランスのレバノン、シリアに対する植民地主義的関りもまた、このように十字軍という言葉と無縁ではなかった。

アレンビー将軍のエルサレム入城

私はここまでパリ同時多発テロに対するオランド大統領の対応と一九世紀フランスにおける十字軍の記憶化について説明してきた。同じようなことはイギリス、スペイン、さらにロシア史などについても程度の違いはあっても見いだされる。

それどころか、十字軍は二〇世紀においても政治的意味を与えられた。代表的な事例を一つだけ挙げておこう。一九一七年一二月一一日、トルコ軍を撃破した英国のアレンビー将軍はエルサレムに入城した。「エルサレムはムスリム支配の六七三年後に、英国によって解放された」。ニューヨーク・ヘラルドはこのような見出しで、その入城を褒め称えた。六七三年を逆算すると、一二四四年である。これは、エルサレムがイスラムによって再度奪還された年であった。『パンチ』という風刺漫画週刊誌は「最後の十字軍」という見出しで、「ついに私の夢がかなった」というせりふをはいているリチャード一世の漫画を載せている。

アレンビーのエルサレム入城に同行した者の報告や著作でも十字軍という言葉がしばしば使われている。英国ウェールズ・フュージリア連隊長ジョン・モアは『アレンビーの十字軍士たちとともに』(一九二三年)という著作を発表しているが、アレンビーの勝利によって、「偉大な十字軍はついに終了した」という一文を最後に記している。

英国の舞台俳優V・ギルバートもまた、『最後の十字軍のロマンス』(一九二三年)という著作を残している。ギルバートは一九一四年の夏にニューヨークに公演で出かけていた。その夏の暑い日にブロードウェイに面する臨時のスクリーンに「英国が戦争を宣言した」という言葉が速報され、街路の人々は帽子を空に放り投げて喜んだという。彼はすぐに英国に帰り、志願して将校として戦争に加わり、エルサレム入城の行をアレンビーとともにしていた。

ギルバートはこの著作を彼の母と「聖地の自由のために戦ったすべての少年たちの母」に捧げている。また、数多くの十字軍のなかで成功したのは「ブイヨンのゴドフロアに率いられた第一回十字軍」と、この「エドマンド・アレンビーの指導下に置かれた最後の十字軍」だけだった、と記している。ギルバートはこの戦争で三人の兄弟を失っていた。戦場のひどさも体験していた。しかし、十字軍の終了、聖地における平和と自由の回復は、それだけの価値があった、と結論づけている。

アレンビー将軍は、しかし慎重だった。彼は、エルサレムに入るにあたって戒厳令を発し、「すべての神聖な建築物、遺跡、神聖な場所、祠堂、史跡、基金、宗教への遺産、三つの宗教の慣例の祈りの場所が維持され、守られる」ことを約束した。彼は、徒歩で入城し、多くの兵士たちに自分たちを十字軍士と呼ぶことを繰り返し禁止した。

反転した十字軍の思想

一方、イスラム世界では、聖地への十字軍は西洋の植民地主義の起源とされた。西洋の植民地主義は中世十字軍の延長とみなされた。イスラムの歴史家で十字軍を本格的に研究したのはエジプトの歴史学者サイイド・アリー・アルハリーリーだといわれている。彼は一八九九年に、西洋のオスマン帝国に対する攻撃は「過去のヨーロッパ人たちの行為と非常に似ている」ことを指摘し、トルコのスルタン、アブデュルハミト二世（在位一八七六―一九〇九年）が「ヨーロッパはいま……われわれに十字軍を実行している」と語ったのは正しい、と記している。

一八七〇年代のオスマン帝国の新聞はしばしば西洋との対立を「三日月対十字架」という言葉で表現した。オスマン帝国に対するヨーロッパの攻撃はイスラムの精神的、物理的心臓に対する攻撃と理解され、中世の十字軍はその先駆けと認識された。ここから出てくるのは、現在の新十字軍に対抗するためにイスラムも統一して、これに当たらなければばならない、という主張である。この汎イスラム主義にとって、十字軍は重大なテーマだった。

第一次バルカン戦争（オスマン帝国とバルカン同盟諸国との戦争、一九一二―一三年）において、バルカン同盟国のブルガリアのフェルディナンド一世は戦争の初期の段階で「十字軍」という言葉を用いたとされるが、これに対してイスラム世界は、「キリスト教諸国家の間には、トルコ人をヨーロッパから放逐するだけでなく、その独立した……国家としての存在を終了させるための不神聖同盟が存在する」と知覚している、と『タイムズ』の特派員は指摘している。

第一次世界大戦時に、オスマン帝国は、戦争を「全イスラム教徒に対するキリスト教の戦争」とみなし、インドやアゼルバイジャンを含めて、西洋帝国主義のくびきからイスラム教徒を解放する戦いと位置付けた。一九一四年一一月一一日に、オスマン帝国皇帝メフメト五世はロシア、イギリス、フランスに対してジハードを宣言したが、その効果はほとんどなかったといわれている。

しかし、第二次世界大戦後に登場した反植民地主義運動の指導者たちは反十字軍のレトリックを巧みに使って、政治を動かしていった。エジプトのナセル大統領は一九五六年の演説で、こう宣言した。「この地域を十字軍の名のもとに攻撃したのは英国とフランスだった。十字軍とは英国・フランス植民地主義以外の何ものでもない。……アレンビー将軍がエルサレムに到着したときに「今日、十字軍の戦争は完遂した」といったのは偶然ではなかった。グロー将軍がダマスカスに到着したときに「見よ、サラディン。われわれは帰ってきた」、といったのはけっして偶然ではない」。

オリエントにおけるヨーロッパ植民地主義と十字軍とがここで巧みに連結されている。アラブ・イスラム世界の指導者たちは西洋の新十字軍的言説を逆手にとって、十字軍から連綿と続く「侵略するヨーロッパ」、被害を受け続けるアラブ・イスラム世界という認識を作り上げ、西洋植民地主義に反撃した。これは十字軍の思想を西洋にそのまま反転して返すものだった。いわば反転した十字軍の思想がここに生まれ、その後広く人々の心をとらえていくことになる。

植民地主義とオスマン帝国

本書の最初に紹介したように、アミン・マアルーフよれば、イスラム世界は、絶え間なく攻撃を受けてきたために、迫害されているという意識にとらわれている。したがって、中東のアラブにとっては、西欧に対する敵対行為は、たとえそれが政治的であろうと、軍事的であろうと、あるいは石油問題であろうと、すべて「正当な報復」でしかない。この二つの世界の間の亀裂は、十字軍にさかのぼり、「アラブは今日でもなお意識の底で、これを一種の強姦《レイプ》のように受け止めている」という。しかし、イスラム世界が迫害されているという意識をもつのは一九世紀からというほうが適切であろう。なぜなら、少なくとも一八世紀にいたるまでは、イスラム世界はヨーロッパと対等な勢力であり、とくにオスマン帝国は攻撃的で、ヨーロッパを迫害しこそすれ、迫害されてなどいなかったからである。オスマン帝国は明らかに強大だった。

戦争は互いに限りなく繰り広げられたが、十字軍の時代においても、それは対等な戦争だった。それ以前の時代についていえば、トゥール・ポワティエの戦いが象徴的に示しているように、ヨーロッパにとって、イスラムはむしろ侵略者だった。十字軍を経たのちにも、ビザンツ帝国はオスマン朝によって滅亡させられた。オスマン帝国はヨーロッパに繰り返し侵攻し、ハンガリー等を確保し、一五二九年にスレイマン大帝によって、一六八三年には大宰相カラ・ムスタファによってウィーンが包囲されたほどである。とくに、一六八三年の第二次ウィーン包囲は「たんにオーストリアのみならず、ドイツ帝国、さらにヨーロッパの危機でもあった」(阪口修平「三十年戦争と絶対主義的領邦国家の形成」、木村靖二編『ドイツ史』)といわれるほどの厳しい攻撃であった。

ミショーは、十字軍の戦争に関して「正戦」であるかを問うことについて、こう記している。「十字軍士たちは東方のサラセン人たちを攻撃することによって神その人に従っていると信じていたが、サラセン人たちは、キリスト教徒によって所持されていたアジアの一部に侵略し、スペインを獲得していたし、コンスタンティノープルやイタリアの沿岸、いくつかの西洋諸国を脅かしていたので、不正な戦争を行なっているとして彼らの敵を非難することはなく、ほとんど常に無益な問いに答える労を運と勝利に委ねた」と。

ミショーがこのように語ったのはまだオスマン帝国の力があると思われていたからであろう。たしかに、西洋の優越を言説化したオリエンタリズムが始まるほどヨーロッパの力は強まっていた。しかし、一九世紀前半にあっては、十字軍はサラセン人たちからの失地回復という側面をもつというのが不自然でないほどの力関係にあった、ということは可能であろう。

ルイ・フィリップの依頼で、ヴェルサイユ宮殿に掲げる絵を描いたドラクロワには、「十字軍のコンスタンティノープル入城」とともに「三つの虐殺画」のひとつといわれる

「キオス島の虐殺」（一八二四年）と「ミソロンギの廃墟に立つギリシア」（一八二六年。二三七頁図参照）という作品がある。この二つはともにオスマン帝国によるギリシア支配とギリシア人による独立への動きに対する弾圧という主題をもっていた。「キオス島の虐殺」はオスマン統治下のキオス島におけるトルコ軍兵士による、独立を目指す島の住民の殺害を描いたものである。また、「ミソロンギの廃墟に立つギリシア」は、義勇兵としてギリシア独立戦争に参画したバイロンが戦死した地、ミソロンギを舞台としたもので、ギリシアを象徴した擬人像の足下の戦死者の手はバイロンを暗示しているともいわれている。この段階では、オスマン帝国との戦いをヨーロッパの植民地主義と呼ぶことはできないであろう。ギリシアこそイスラムのいわば植民地だったからである。

記憶と認識

もちろん、だからといって、西洋の帝国主義や植民地主義がなかったといっているわけではない。それが一九世紀後半から世界を席巻していくのは確かだし、そもそも十字軍の思想と実力によるヨーロッパの形成と拡大はヨーロッパの北部や東部、そして大西洋の彼方で中近世のころから始まっている。そのなかには、バルトやプロイセンに住む異教徒たちを攻撃した「北の十字軍」も含まれる。

しかし、聖地に対する十字軍はたしかにヨーロッパからの攻撃だが、それはイスラム世界との攻防のなかの一幕だった、と理解することは可能であろう。十字軍は西洋諸国がエルサレムや近隣の地域を奪いにでかけた戦いであった。それが、教皇革命の輸出という側面を持つものであったことも、浄化の思想の展開と拡大であったということもすでに述べてきたとおりである。だが、当時のキリスト教徒にとって、エルサレムは奪われたものだった。それを回復するのは防衛だ、というのは一つの論理としてありうる。事実、少なからぬ有力なカノン法学者たちはそう理論化した。しかも、結局、聖地奪還の試みは失敗し、いわゆるナンバー十字軍は一二九一年のアッコンの陥落をもって終了している。

その後も、イスラム世界への十字軍は何度か試みられたが、第四章で示したようにポルトガル国王によるアルカサールへの攻撃と失敗が、ヨーロッパの側からの攻撃的十字軍としては最後で、イスラム世界からみて迫害といえる十字軍は一六世紀末には終わっていたということになる。十字軍は本来、ローマ教皇の主導と参加者への贖罪の保証、潔癖な浄化主義という、優れて宗教的な要素を核心に有する軍事的、政治的活動である。また、参加者の宗教的情念があって初めて強大なエネルギーが生まれる。したがって、ローマ教皇の普遍的権威が消失し、政治の世俗化と信仰の個人化・内面化が進んだ一七世紀になると、十字軍が終了するのは当然であろう。

むろん、その後もヨーロッパやアメリカでローマ教皇を必要としない聖戦的な十字軍の思想や宗教的情念が生き続けたことについてはすでに記した通りである。清教徒たちが作ったアメリカは「新しいイスラエル」を目指して建国され、国の在り方を深いところで規定してきた。このことは、パレスチナにほんとうに建設された「新しいイスラエル」をアメリカが強力に支援することと無関係ではない。しかも、一九、二〇世紀の欧米植民地主義はしばしば「十字軍」の比喩を用いながら、イスラム世界を席巻した。それが、イスラム世界に憤激を呼び起こしたのは確かである。その意味において、西洋世界に間歇的に現れかねない十字軍の思想を確実におさえ込むことはやはりなによりも必要であろう。

しかし、一方で、イスラム世界が十字軍に対して怒りを持ち続けたというのは必ずしも適切な歴史認識とはいえない。本来、十字軍は、イスラム側にとっては、苦しいけれども勝利に終わった戦いだった。これに対して、十字軍を英雄的事件として記憶化する作業が一九世紀にまずヨーロッパで始まり、その後、植民地主義の先駆という意味での、反転としての十字軍像の記憶化がイスラム世界で進められた。上山益己氏によれば、イスラム側の歴史研究においても、「野蛮なファナティシズム」に対する啓蒙主義的批判の影響のもとに、「十字軍叙述におけるアラブ・イスラーム世界は、「勝利者」から「ヨーロッパの狂気の犠牲者」へと変わっていった」(「近代ヒストリオグラフィにおける十字軍像の変容——オリエンタリズムとアラブ・イスラーム知識人の歴史認識」『西洋史学』二一八号)という。

この論理が政治の世界で強調され、その結果、十字軍への敵対心が生まれ、過激化した場合には十字軍の西洋に対する「正当な報復」は何であれ許される、という認識すら示されるまでになったと私は思う。しかし、政治的意味を込めて記憶を作り出し、それを善悪の関係に単純化して、一方的にそれのみを正しい歴史認識とするのはヨーロッパであれ、イスラムであれ、そしてどこにおいてであれ、不正確であり、避けるべきであろう。

私は、一九世紀以降の、ヨーロッパの帝国主義的活動を擁護する気はないが、十字軍の侵略というイデオロギーはイスラム世界で連綿と続いたというよりも、反帝国主義、反植民地主義の文脈で語られたのが主な始まりで、これを徹底的に利用したのがイスラムの過激派だということは認識しておくべきことだと思う。

アメリカはいま新しい大統領を迎えた。福音派の大部分はこのドナルド・トランプ大統領に投票したといわれるが、トランプ自身には「神の国アメリカ」という発想はあまりないように見える。しかし、アメリカを特別の国とみなし、他と境界線を引き、暗黙のうちに最初の入植者たちの子孫を重視している、ということはいえるようである。その就任演説(二〇一七年一月二〇日)では、驚くほど国際政治に対する言及はなかったが、突然、まったく前後の脈絡もなく、「われわれは古い同盟を強化し、新しい同盟を創り、過激なイスラムのテロリズムに対して文明的世界を結束させよう。われわれはこのテロリズムを地上から根絶しよう」と語った。

パリ同時多発テロ直後の演説でも、オランド大統領は慎重に「イスラム」という言葉を使うことは避けていた。オバマ前大統領もこの点では非常に注意深かった。しかし、トランプ大統領はかなり率直に「イスラムの」という形容詞を用いた。そして、これに自分たちの「同盟」を対置した。もし、これまで語られていたように、トランプ大統領がイスラエルのアメリカ大使館をエルサレムに移すならば、十字軍同盟という批判が改めて広範囲に叫ばれることになるだろう。

十字軍というヨーロッパとイスラムの攻防は大きな歴史的事件である。その記憶化はしばしば現実と結びつき、対立と戦いを再生した。二一世紀になってなお、その戦いは続いている。双方の政治が記憶を呼び起こし、創り出し、利用してきた。十字軍の思想と反転した十字軍の思想が交錯してきたともいえる。しかし、必要なのは双方が歴史を歴史とし、記憶と現実をひとまず切り離すことであろう。「最後の十字軍」は一六世紀に終わっているのである。

＊

品切れとなっていた『十字軍の思想』（ちくま新書）を「ちくま学芸文庫」に収録することになったのは編集部の平野洋子さんのお勧めがあってのことである。最近の動向を踏まえた「補章」を付け加えることができたのも平野さんのおかげである。また、今回も、大月康弘氏のご教示を得た。お二人にこの場を借りてお礼申し上げたい。

Modern Uses of Medieval Crusades, *Comparative Studies in Society and History*, Vol.48, NO.2, Cambridge, 2006.
Tomaž Mastnak, *Crusading Peace*, Barkeley, 2002.
Joseph F. Michaud, *History of the Crusades*, Complete in Three Volumes with Illutraitions by Gustav Dore, (New York, 1881) 2015.
Elizabeth Siberry, *The New Crusaders*, Aldershot, 2000.
Peter Partner, *God of Battles*, Princeton, 1997.
Jonathan Riley-Smith (ed.), *The Oxford Illustrated History of the Crusades*, Oxford, 1994.
Jonathan Riley-Smith, *What were the Crusades?*, London, 2002.
Christopher Tyerman, *The Invention of the Crusades*, London, 1998

参考文献

ここでは原則として本文で示すことのできなかった邦文と欧文の、ごく主要な文献だけをあげる。なお、『聖書』の引用は原則として新共同訳『聖書　旧約聖書続編つき』（日本聖書協会）によった。

ロドニー・スターク／櫻井康人訳『十字軍とイスラーム世界』新教出版社、2016年

ジョルジュ・タート、池上俊一監修／訳『十字軍』創元社、1993年

ジャン・ポール・クレベール、杉崎泰一郎監訳『ミレニアムの歴史』新評論、2000年

レジーヌ・ペルヌー、福本秀子訳『十字軍の男たち』白水社、1989年

ペリー・ミラー、向井照彦訳『ウィルダネスへの使命』英宝社、2002年

秋山健監修『アメリカの嘆き』松柏社、1999年

新井政美『オスマン vs. ヨーロッパ』講談社選書メチエ、2002年

池内恵『イスラーム国の衝撃』文春新書、2015年

上山安敏・牟田和男編著『魔女狩りと悪魔学』人文書院、1997年

加藤博『イスラム世界論』東京大学出版会、2002年

木村靖二編『ドイツ史』山川出版社、2001年

木村豊「十字軍」『岩波講座　世界歴史10』、岩波書店、1970年

佐々木真『図説 フランスの歴史』河出書房新社、2011年

柴田三千雄・樺山紘一・福井憲彦編『フランス史２』山川出版社、1996年

橋口倫介『十字軍騎士団』講談社学術文庫、1994年

八塚春児「十字軍」、『岩波講座　世界歴史８』、岩波書店、1998年

八塚春児『十字軍という聖戦』日本放送出版協会、2008年

山内昌之『近代イスラームの挑戦　世界の歴史20』中央公論社、1996年（中公文庫、2008年）

渡辺金一『コンスタンティノープル千年：革命劇場』岩波新書、1985年

Roland H. Bainton, *Christian Attitudes Toward War and Peace*, Nashville. 1990.

Sacvan Bercovitch, *The American Jeremiad*, Madison, 1978.

Franco Cardini, *Europe and Islam*, Oxford, 2001.

Georges Duby, *Guerriers et Paysans*, Paris, 1973.

Carl Erdmann, *Die Entstehung des Kreuzzugsgedankens*, Stuttgart, 1955.

James Turner Johnson, *The Holy War Idea in Western and Islamic Traditions*, Pennsylvania, 1997.

Norman Housley, *The Later Crusades*, Oxford, 1992.

Adam Knobler, Holy Wars, Empires, and the Portability of the Past: The

本書は二〇〇三年七月、小社より刊行された。

売春の社会史(下)
バーン&ボニー・ブーロー
香川檀／家本清美／岩倉桂子訳
様々な時代や文化的背景における売春の全体像を十全に描き、社会政策への展開を探る。「王侯と平民」から「変わりゆく二重規範」までを収録。

ルーベンス回想
ヤーコプ・ブルクハルト
新井靖一訳
19世紀ヨーロッパを代表する歴史家ブルクハルトが、「最大の絵画的物語作者」ルーベンスの絵画の本質を、作品テーマに即して解説する。新訳。

はじめてわかるルネサンス
ジェリー・ブロトン
高山芳樹訳
ルネサンスは芸術だけじゃない！　東洋との出会い、科学と哲学、宗教改革など、さまざまな角度から光をあてて真のルネサンス像に迫る入門書。

匪賊の社会史
エリック・ホブズボーム
船山榮一訳
抑圧的権力から民衆を守るヒーローと讃えられてきた善きアウトローたち。その系譜や生き方を追い、暴力と権力のからくりに迫る幻の名著。

アラブが見た十字軍
アミン・マアルーフ
牟田口義郎／新川雅子訳
十字軍とはアラブにとって何だったのか？　豊富な史料を渉猟し、激動の12、13世紀をあざやかに、しかも手際よくまとめた反十字軍史。

ディスコルシ
ニッコロ・マキァヴェッリ
永井三明訳
ローマ帝国はなぜあれほどまでに繁栄しえたのか。その鍵は〝ヴィルトゥ〟。パワー・ポリティクスの教祖が、したたかに歴史を解読する。

戦争の技術
ニッコロ・マキァヴェッリ
服部文彦訳
出版されるや否や各国語に翻訳された最強にして安全な軍隊の作り方。この理念により創設された新生フィレンツェ軍は一五〇九年、ピサを奪回する。

マクニール世界史講義
ウィリアム・H・マクニール
北川知子訳
ベストセラー『世界史』の著者が人類の歴史を読み解くための三つの視点を易しく語る白熱の入門講義。本物の歴史感覚を学べます。文庫オリジナル。

アレクサンドロスとオリュンピアス
森谷公俊
彼女は怪しい密儀に没頭し、残忍に邪魔者を殺す悪女なのか、息子を陰で支え続けた賢母なのか。大王母の激動の生涯を追う。（澤田典子）

無量寿経　阿満利麿注解

なぜ阿弥陀仏の名を称えるだけで救われるのか。法然や親鸞がその理解に心血を注いだ経典の本質を、懇切丁寧に説き明かす。文庫オリジナル。

道元禅師の『典座教訓』を読む　秋月龍珉

「食」における禅の心とはなにか。道元が禅寺の食事係である典座の心構えを説いた一書を現代人の日常の視点で読み解き、禅の核心に迫る。（竹村牧男）

原典訳 アヴェスター　伊藤義教訳

ゾロアスター教の聖典『アヴェスター』から最重要部分を精選。原典から訳出した唯一の邦訳である。比較思想に欠かせない必携書。（前田耕作）

カトリックの信仰　岩下壮一

神の知恵への人間の参与とは何か。近代日本カトリシズムの指導者・岩下壮一が公教要理を詳説し、キリスト教の精髄を明かした名著。（稲垣良典）

十牛図　上田閑照　柳田聖山

禅の古典「十牛図」を手引きに、自己と他、自然と人間、自身への関わりを通し、真の自己への道を探る。現代語訳と詳注を併録。（西村惠信）

原典訳 ウパニシャッド　岩本裕編訳

インド思想の根幹であり後の思想の源ともなったウパニシャッド。本書では主要篇を抜粋、梵我一如、輪廻・業・解脱の思想を浮き彫りにする。（立川武蔵）

世界宗教史（全8巻）　ミルチア・エリアーデ

宗教現象の史的展開を膨大な資料を博捜し著された人類の壮大な精神史。エリアーデの遺志にそって共同執筆された諸地域の宗教の巻を含む。

世界宗教史 1　ミルチア・エリアーデ　中村恭子訳

人類の原初の宗教的営みに始まり、メソポタミア、古代エジプト、インダス川流域、ヒッタイト、地中海地域、初期イスラエルの諸宗教を収める。

世界宗教史 2　ミルチア・エリアーデ　松村一男訳

20世紀最大の宗教学者のライフワーク。本巻はヴェーダの宗教、ゼウスとオリュンポスの神々、ディオニュソス信仰等を収める。（荒木美智雄）

廃墟の中から 日本の百年9　鶴見俊輔編著

特攻隊の生き残り、引揚者、ヤミ屋、戦災孤児。新たな明日を夢み、さまざまな思いを抱いて必死に生きた、敗戦直後の想像を絶する窮乏の時代。

新しい開国 日本の百年10　鶴見俊輔編著

一九五二年四月、占領時代が終り、日本は国際社会に復帰。復興の彼方に、さまざまな矛盾と争点を抱える現代日本の原型が現出。(全10巻完結)

明治国家の終焉　坂野潤治

日露戦争後の財政危機が官僚閥と議会第一党の協調による「一九〇〇年体制」を崩壊させた。戦争を招いた二大政党制の迷走の歴史を辿る。(空井護)

近代日本とアジア　坂野潤治

近代日本外交は、脱亜論とアジア主義の対立構図により描かれてきた。そうした理解が虚像であることを精緻な史料読解で暴いた記念碑的論考。(苅部直)

増補 モスクが語るイスラム史　羽田正

モスクの変容——そこには宗教、政治、経済、美術、人々の生活をはじめ、イスラム世界の全歴史が刻み込まれている。その軌跡を色鮮やかに描き出す。

横井小楠　松浦玲

欧米近代の外圧に対して、儒学的理想である仁政を基に、内外の政治的状況を考察し、政策を立案し遂行しようとした幕末最大の思想家を描いた名著。

古代大和朝廷　宮崎市定

記紀を読み解き、中国・朝鮮の史料を援用して、日本の古代史を東洋と世界の歴史に位置づける、壮大なスケールの日本史論集。(砺波護)

古代史おさらい帖　森浩一

考古学・古代史の重鎮が、「土地」「年代」「人」の基本概念を徹底的に再検証。「古代史」をめぐる諸問題の見取り図がわかる名著。

江戸の坂　東京の坂(全)　横関英一

東京の坂道とその名前からは、江戸の暮らしや庶民の心が透かし見える。東京中の坂を渉猟し、元祖「坂道」本と謳われた幻の名著。(鈴木博之)

ちくま学芸文庫

増補《ぞうほ》　十字軍《じゅうじぐん》の思《し》想《そう》

二〇一七年三月十日　第一刷発行

著　者　山内進（やまうち・すすむ）
発行者　山野浩一
発行所　株式会社　筑摩書房
東京都台東区蔵前二―五―三　〒一一一―八七五五
振替〇〇一六〇―八―四一二三

装幀者　安野光雅
印刷所　三松堂印刷株式会社
製本所　三松堂印刷株式会社

乱丁・落丁本の場合は、左記宛にご送付下さい。
送料小社負担でお取り替えいたします。
ご注文・お問い合わせも左記へお願いします。
筑摩書房サービスセンター
埼玉県さいたま市北区櫛引町二―六〇四　〒三三一―八五〇七
電話番号　〇四八―六五一―〇〇五三

ISBN978-4-480-09784-2　C0122